Abenteuer Fahrradtour
Mit dem Fahrrad unterwegs an
deutschen Flüssen

Von Marc Wünderling

Abenteuer Fahrradtour

Mit dem Fahrrad unterwegs an
deutschen Flüssen

Von
Marc Wünderling

Bibliografische Information der Deutschen Nationalbibliothek: Die Deutsche Nationalbibliothek verzeichnet diese Publikation in der Deutschen Nationalbibliografie; detaillierte bibliografische Daten sind im Internet über dnb.d-nb.de abrufbar.

TWENTYSIX
Eine Marke der Books on Demand GmbH

© 2021 Marc Wünderling
Herstellung und Verlag:
BoD – Books on Demand, Norderstedt
ISBN: 978-3-7407-7270-3

Inhalt

Rheintour 2008 6

Illerradtour 2009 (Trainingstour) 48

Donautour 2009 59

Moseltour 2010 (Trainingstour) 95

Elbetour 2010 107

Wesertour 2011 148

Maintour 2012 (Rhein-Main-Donaukanal) . 191

Nachsatz 238

Abenteuer Fahrradtour

Mit dem Fahrrad unterwegs an deutschen Flüssen

Rheintour 2008

Von Hagnau nach Rotterdam

Prolog (Das Training)
Im Sommer 2007 hatte ich meinen Rücktritt vom Fußball als Torwart der 1. Mannschaft erklärt. Mit 185 kg Körpergewicht waren die Strapazen und Schmerzen einfach zu groß geworden. Während ich mich nun nach längerer Zeit als Zuschauer wieder auf den Fußballplatz getraut hatte, fragte mich Hubert, der Vater von meinem Nachfolger und Torwartschützling, ob ich nicht mal Lust hätte, etwas Fahrrad zu fahren. Klar sagte ich, dass ich das auf jeden Fall mal probieren wollte. Probieren war gut, denn ich hatte sämtliche Kondition, die ich vielleicht mal vor ein paar Jahren hatte, bereits eingebüßt. Mein Fitnessprogram bestand aus dem Weg von der Couch bis zum Kühlschrank und wieder zurück. Dafür war ich mit dem Daumen an der Fernsehfernbedienung recht versiert.

Mein damaliges Fahrrad wurde von mir vor ewiger Zeit für 100 D-Mark im Supermarkt gekauft und war dementsprechend auch nur fahrender Schrott. So kam es auch wie es kommen musste, nach 2-3 Kilometern machte ich auf halber Strecke schlapp und schrie nach einem Sauerstoffzelt. Alles Meckern und Zetern nützte nichts, denn ich wollte jetzt doch mal mit Hubert weiter trainieren. Den zweiten Versuch diese Tour zu fahren – es ging nur zum Nachbardorf und zurück - schaffte ich dann mit letzter Kraft und gewann irgendwoher mein Selbstvertrauen und meine große Klappe zurück: „Fahrradfahren? Pille-Palle! Ich fahre locker nach Rotterdam, so fit bin ich." – Oha. Verdammt große Ansage nach 5 Kilometern…

Große Töne spucken konnte ich also. Aber dummerweise stand ich auch zu meiner Arroganz und setzte nun alles daran, dieses Ziel zu schaffen.

Ich probierte einige Fahrräder in Hubert seiner Fahrradvermietung aus (wie praktisch!) und kaufte dann auf einem Fahrradbasar mein jetziges Fahrrad. Stahlrahmen und keine Federung oder unnötiger Schnick-Schnack war angesagt. Der einzige Luxus war ein Tachometer, auf dem ich meine Trainingsfortschritte kontrollieren konnte. Parallel zu unserem Fahrradtraining bekam ich von Hubert auch einige Ernährungstipps, die ich auch sehr konsequent umsetzte.

Bis die Sommerzeit auf die Winterzeit umgestellt wurde waren wir mindestens zweimal in der Woche für eine oder zwei Stunden beim Fahrradfahren. Im Winterhalbjahr konnten wir wegen der frühen Dunkelheit leider nur am Wochenende fahren. Wir waren ja beide berufstätig. Später, als es kälter wurde, ging draußen gar nichts mehr. Trotzdem hatte ich auch durch die Umstellung der Ernährung Anfang Dezember bereits 25 kg abgenommen.

Im Frühjahr, nach der Fasnet (die Rheinländer sprechen von Karneval), ging das Training weiter. Erst mit Spinning im Fitnessstudio und dann auch mit Schwimmen. Ich bezeichne es mal als Schwimmen. Jeder der mich gesehen hat dachte, ich bin kurz vor dem Ertrinken. Meine Kunst war schwimmen wie ein Stein und tauchen wie ein Korken.

Nach der Umstellung auf die Sommerzeit waren wir dann auch wieder draußen beim Fahrradfahren. Ich ging an meine Grenzen, bei einer Fahrt den Gehrenberg hoch. So fit war ich nun doch noch nicht. Aber ich blieb dabei und trainierte hart. Ich hatte auch wieder mit dem Fußball angefangen, da es mir generell körperlich immer besser ging.

Eine Woche vor dem Start meiner im Vorjahr wahnwitzigen Behauptung nach Rotterdam zu radeln, fuhren wir noch einmal um den Gehrenberg, was rund 50 km waren. Das war bis dato meine größte Tour. – Danke Hubert für das Training. Ich bleibe auch weiterhin am Ball. *hust*

I. Teil – Von Hagnau nach Basel

1. Tag von Hagnau nach Waldshut – 22.05.2008
Ausgerüstet war ich mit einer Radlerhose, im Schritt zusätzlich mit einem Waschlappen gepolstert (nicht sehr lange…), sowie einer langen, dünnen Baumwolltrainingshose. Oberhalb

der Gürtellinie hatte ich ein Baumwoll-T-Shirt (Fehler!) und eine wind- und wasserdichte Outdoorjacke an. Da ich keine Fahrradschuhe hatte, fuhr ich mit ganz normalen Turnschuhen. Auf dem Rücken trug ich den Rucksack mit Gepäck, bzw. Wäsche für drei Tage. Also ganz anders als jemand, der die Sache durchdacht hätte.

Mein Fahrrad war ein altes, gebrauchtes Trekking Rad. Vor einem halben Jahr hatte ich es bei einem Fahrradbasar für 110 Euro, wie oben im Text beschrieben, erstanden. Es verfügte weder über Licht, noch über Schutzbleche oder Gepäckträger. Vorne am Lenker hatte ich einen kleinen Fahrradcomputer (Lidl für 9,99 €) und eine Lenkertasche (Lidl 15,99 €) mit der Möglichkeit Kartenmaterial in ein Sichtfach an der Oberseite zu legen. Mein Kartenmaterial bestand für die ganze Strecke aus drei Spiralfahrradwanderführern von Bikeline für den Rheinradweg. Die Streckenführung begann bereits in Andermatt und verlief immer am Rhein entlang. (Empfehlenswert!)

Zur Verpflegung hatte ich eine Packung Corny-Müsliriegel mitgenommen, von denen ich am 1. Tag 6 und am 2. Tag 3 gegessen hatte. Wichtig sind jedoch die Getränke. Für den ersten Tag hatte ich 3,5 Liter an Wasser und handelsüblichen Schorle Getränkemischungen mitgenommen. Wahrlich keine perfekte Planung, aber ich war guten Mutes und irgendwie auch etwas blauäugig.

Die Abfahrt in Hagnau war am 22.05.2008 um 8:30 Uhr. Der Kilometeranzeiger zeigte 0,0 km. Das Wetter war kühl ca. 17°C, der Himmel ist bedeckt. Letzte Möglichkeit den Wahnsinn abzublasen.

Aber nö! Jetzt hatte ich soviel trainiert und so wenig geplant, jetzt zog ich es auch durch.
Von Hagnau bis Meersburg radelte ich direkt am Bodenseeufer bis zur Fähre Meersburg. An der Fähre traf ich mich mit meinen Eltern, die das erste Stück bis Schaffhausen mitfahren wollten. In Konstanz ging es fast Luftlinie Richtung Rhein. Nur das die ersten Anstiege bereits gleich nach der Fähre zu erklimmen waren. An der Radfahrerbrücke überfuhr ich nun das erste Mal bei dieser Tour den Rhein. – Dieser Fluss würde mich einige Zeit begleiten –.

Kurz darauf waren wir in der Schweiz angekommen, die von Konstanz praktisch nur durch einen Schlagbaum getrennt ist. Durch malerische Dörfer fuhren wir am Südufer des Untersees bis Stein am Rhein. Vielmals mussten wir auf der Kantonalstrasse fahren, da mein Vater mit seinem Rennrad nicht so gerne auf dem gut ausgeschilderten Radweg Nr. 2 und dem darauf ausgebrachten Schotter fahren wollte.

Vor der Passage durch die besonders schöne Altstadt von Stein am Rhein mit einer großen Anzahl gut erhaltener Fachwerkhäuser wurde die Uferseite des Rheins von uns überquert. Nun ging es auf gut ausgebauten Fahrrad- und Landwirtschaftswegen ein paar hundert Meter vom Rhein entfernt Richtung Schaffhausen.

Plötzlich war in einem Waldgebiet ein sehr steiler Anstieg zu bewältigen. Der Anstieg kam deshalb plötzlich auf uns zu, da ich eigentlich erfolgreich verdrängt hatte, dass es in der Schweiz nicht nur flaches Land gab. Da meine Mutter bereits schon anfing zu schieben, stieg ich auch ab und schob die letzten 50 Meter zur „Gipfelhütte".

Diese Waldhütte „Bibermühle" war – typisch Schweiz – sehr sauber. Sie bot einen Grillplatz mit Feuerholz, sowie eine Sitzgelegenheit außen und innen. Nach einem kurzen Vesper ging es ca. 20 Minuten später weiter. Kurz nach der Waldhütte war eine offenstehende Schranke und zwei Metallpfosten mit den Nationalfarben der Schweiz und Deutschland zu passieren. Diese „Grüne Grenze" würde von uns auf den nächsten Kilometern noch ein paar Mal überquert werden.

Bei Diessenhofen kamen wir wieder ganz nah an den Rhein heran. Freibäder auf beiden Seiten des Rheins erweckten unser Erstaunen. Die Strömung war sehr stark und selbst ein guter Schwimmer konnte dagegen nicht ankommen. (Später erfuhren wir, dass die Strömung um diese Freibäder herumgeleitet wird.)

Da wir ein sehr hohes Tempo angegangen hatten (bis hier ein Schnitt 20,5 km/h), spürte ich meine Oberschenkel brennen. Ein deutliches Zeichen für Übersäuerung. Es war nicht mehr weit nach Schaffhausen und so zogen wir es durch. Direkt nach der deutschen Enklave Büsingen, kam bereits das Ortsschild von Schaffhausen und nur wenige Kilometer später waren wir an der Schiffsanlegestelle. Hier endete die Bodenseeschifffahrt.

Wir beschlossen gleich hier Pause zu machen. Gegenüber vom Schiffsanleger war ein Kaffee, in dem wir uns sofort stärken konnten. Immerhin hatten wir bereits 60 Kilometer hinter uns.

Da sich meine Eltern mit dem Schiff auf den Rückweg machten (Abfahrt um 15:10 Uhr.) fuhr ich bereits um 14:15 Uhr ab Schaffhausen alleine weiter. Meine Eltern wollten die Schifffahrt von Schaffhausen über Konstanz nach Meersburg genießen, da man als Einheimischer normal nur den Touristen die Freizeitangebote überlässt. In der Hochsaison gab es sowieso nur Stehplätze auf den Uferpromenaden der einzelnen Bodenseegemeinden.

In Schaffhausen war es nicht leicht mit dem Fahrrad den richtigen Weg zu finden, da ich nicht zum Rheinfall wollte (den kenne ich schon), der an jeder Ecke ausgeschildert war. Mein nächstes Ortsziel war Rafz Rafz.

Nach einigem hin und her fand ich wieder die richtigen Schilder für den Fahrradweg. Doch gleich ging es für ca. 300 Meter so steil bergauf, dass ich mich wunderte, warum hier keine Treppen gebaut wurden. Ich stieg vom Fahrrad ab und schob ein paar Meter.

Oberhalb des Rheins ging es jetzt durch eine Wohnsiedlung immer geradeaus den Radwegschildern hinterher. Es ging durch zwei deutsche Gemeinden, Jestetten und Lottstetten, um dann im schweizerischen Rafz anzukommen.

Langsam spürte ich abermals leichte Krämpfe aufsteigen. Mit aus dem Supermarkt gekauften Magnesiumbrausetabletten probierte ich gegen die Krämpfe anzukommen. Leider nur mit mäßigem Erfolg.

Kurz nach Hüntwangen fuhr ich für heute das letzte Mal über die Grenze wieder nach Deutschland. Am Grenzposten stieg ich kurz ab, um meine Getränke aus der Lenkertasche in meine Trinkflasche umzufüllen und weitere Magnesiumbrausetabletten dazu zu geben. Die Krämpfe waren schlimmer geworden. Ich konnte kaum noch gerade stehen.

Nach einem kleinen Plausch mit den 4 Zollbeamten und ca. 10 Minuten ging es jetzt nur noch bergab nach Hohentengen. Hier wollte ich eigentlich (Kilometer 80) ein Hotel für die Nacht beziehen. Doch ich konnte mich nicht entscheiden und als ich am Ortsausgang war, hatte ich auch keine Lust mehr zurück zu fahren. Es war ja noch früh am Nachmittag. Es ging weiter.

Auch in den einzelnen kleinen Gemeinden von Küssaberg hatte ich noch nicht wirklich Lust für heute Feierabend zu machen, da es einfach noch zu früh war. Obwohl es jetzt so gut wie keine Anstiege mehr gab, wurde ich wegen der Krämpfe immer langsamer. Auf den Radwegschildern stand schon lange Waldshut. Es erschien mir nun doch realistisch und machbar soweit noch durchzuhalten.

Als ich endlich im Industriegebiet von Waldshut ankam, hatte bei mir das Triumpfgefühl doch die Schmerzen kurzzeitig besiegt. Aber nur kurzzeitig.

Meine Ankunft in Waldshut war am 22.05.2008 um 17:30 Uhr – Kilometer 109,1.

Ganz locker fuhr ich am ersten Hotel vorbei, da es noch irgendwie geschlossen aussah.

Direkt nach dem Überqueren der Hauptstraße, immer dem Radweg hinterher, kam ich an einem Zeltplatz vorbei. Im Vorbeifahren las ich noch das Wort „Herberge" am Gebäude. Da mir das

Ambiente zusagte, entschied ich mich gleich hier nach einer Übernachtungsmöglichkeit zu fragen.

Ich hatte Glück: Das letzte freie Zimmer, ein Vierbettzimmer, war für mich noch für 29 Euro die Nacht zu haben. Ich war so kaputt, dass ich noch nicht Abendessen wollte. Leider sang meine Durchschnittsgeschwindigkeit für den heutigen Tag noch auf 18,5 km/h. Wobei ich eigentlich keinen sportlichen Wettbewerb fuhr, sondern eine gemütliche Fahrradtour. (Hört, hört…)

Ich legte mich aufs Bett und las auf meinem Handy noch ein bisschen. Nach ca. einer Stunde meldete sich mein Magen nun immer lauter und ich beschloss im Campingplatz eigenem Restaurant zu Abend zu essen. Doch bei dem Versuch das Bett zu verlassen durchzuckten mich wieder böse Krämpfe.

Die Schmerzen waren so stark, dass mir Muskeln weh taten, von denen ich keine Ahnung hatte, dass diese überhaupt in meinen Oberschenkeln Platz hatten. Da ich auch nicht wusste, für welchen Muskel ich wo dagegen drücken konnte und jede Bewegung noch mehr Schmerzen verursachte, blieb ich wie ein Maikäfer auf dem Rücken, mit den Beinen leicht angewinkelt, nach oben liegen. Erst nach einigen Minuten (gefühlten Stunden) ließen die Schmerzen allmählich nach. Erst nach einer weiteren Stunde lesen probierte ich es erneut aufzustehen. Diesmal klappt es besser und ich konnte mir einen überraschend sehr guten Rostbraten mit einem Liter alkoholfreiem Weizenbier schmecken lassen.

2. Tag von Waldshut nach Basel

Nach einem guten Frühstück war ich gleich um 8:30 Uhr auf der Strecke. Von Waldshut bekam ich gar nichts mit, da ich direkt am Rhein auf überwiegend Schotterwegen radelte. Von Dogern bis Albbruck fuhr ich auf einer Insel im Rhein. Der Weg war äußerst monoton, da links und rechts nichts anderes als Bäume und Sträucher zu sehen waren. Nun ging es weiter nach Laufenburg.

In Laufenburg musste ich kurz absteigen, da hier ein Freibad und eine Straße neu gebaut wurden. Nach nur 20 Metern ging es dann steil bergauf zur Altstadt. Bei einer Apotheke besorgte ich mir endlich richtige Magnesiumtabletten.

Nach der Durchfahrt durch die malerische Altstadt führte der Radweg direkt wieder weiter bergauf bis oberhalb der Bahnlinie. Weiter führte der Weg nun Richtung Bad Säckingen. Auch hier fuhr ich wieder durch eine malerische Altstadt.

Leider leitete ab hier der Radweg Richtung Rheinfelden direkt auf einem schlecht befestigten Weg weiter. In Wallbach setzte ich mich in einer Bushaltestelle hin und machte einfach mal ca. 15 Minuten Pause.

Meine Oberschenkel brennten schon wieder. Auch heute hatte ich mit einem hohen Tempo angefangen. Aber jetzt wollte ich es wissen. Es war doch nicht mehr soweit bis zum Etappenziel. Die Wege wurden jetzt wieder besser und ich kam gut voran.

Endlose Schrebergärten an der linken Seite und die Bahntrasse auf der rechten Seite begleiteten mich bis kurz vor Rheinfelden. Nach dem

Wasserschloss Beuggen begannen bereits die Industrieanlagen. Ich kam an einer Staustufe vorbei und fuhr jetzt direkt wieder auf einem unbefestigten, besseren Trampelfahrt, bis sich mir nach einer kleinen Anhöhe, auf der mich das erste Mal heute Krämpfe plagten, ein überwältigender Anblick auf den Rhein darbot.

Nach einigen Windungen, Kreuzungen und Ampeln kam ich, immer den Schildern des Radweges folgend, in der Innenstadt von Rheinfelden an. Hier machte ich in einem Stehimbiss/Bäckerei Mittag.
Auch hier deuteten sich Krämpfe an, die ich aber zu unterdrücken verstand. Erst beim Aufsitzen ging es wieder besser. Dieses Bild des Elends von mir mochte ich aus Scham nicht den Passanten zumuten und fuhr also langsam weiter.

Nach der Überquerung der Autobahn, ich befand mich jetzt einige Kilometer vom Rhein entfernt - aber immer noch auf dem offiziellen Radweg - hielt ich an einer Bank an und genehmigte mir ein Mittagsschläfchen.

Erst um 12:40 Uhr, eine halbe Stunde später, nahm ich das letzte Stück nach Basel in Angriff. Vorbei an großen Industriekomplexen in Grenzach-Wyhlen ging es jetzt wieder gut vorwärts. Vorbei waren die Schmerzen. Nur noch das nahe Ziel war spürbar antreibend.

Die Grenze war eher unspektakulär. Der Verkehr nahm schlagartig zu und direkt nach der Grenze war auch kein Radweg mehr zu sehen. Das Ortseingangsschild von Basel, von dem ich eigentlich ein Foto mit mir machen wollte, war sehr schmutzig und halb verwachsen. Außerdem lies der Straßenverkehr ein Anhalten auch nicht zu. Ich fahre weiter – basta!

Nach zwei, drei Kurven stand ich unter der Autobahnbrücke an einer Ampel. Laut Beschilderung ging der Radweg nun nach links auf die andere Rheinseite. Mich machte das stutzig, da der „Badische Bahnhof Basel" doch laut Karte auf der deutschen Rheinseite sein sollte. Ein Radfahrer, der neben mir an der Ampel stand, sagt mir, dass ich hier den Radweg verlassen musste und der „Badische Bahnhof Basel" nur noch 500 Meter entfernt rechter Hand war. Gut, dass man einen Mund zum Fragen hatte…

Vielleicht etwas übermotiviert trat ich in die Pedale und mir sprang mitten auf der Kreuzung die Kette herunter. Dies war bis hierhin die einzige Fahrradpanne, die ich auf der Tour und in allen meinen Trainingstouren hatte.

Ankunft in Basel „Badischer Bahnhof" um 13:30 Uhr – Kilometer 175,3

Am Bahnhof suchte ich sofort den Fahrkartenschalter der Deutschen Bahn AG auf und bestelle mir eine Rückfahrkarte zum Bodensee. Mit dem Baden-Württembergticket für 18,00 Euro und einer Fahrkarte für mein Fahrrad für 4,50 Euro konnte ich in den ca. 45 Minuten später abfahrenden Zug einsteigen. Es war ein schönes Gefühl aus dem Fenster auf die Wege zu schauen, die ich kurz vorher noch geradelt war.

Noch zwei Tage später hatte ich Muskelkater in den Oberschenkeln. Aber nun begann bereits die Planung und das Training für die nächste Etappe.

Fehler waren von mir gemacht worden und sollten nicht nochmal vorkommen.

Kilometerleistung heute: 65 km

II. Teil von Basel bis Rotterdam

3. Tag von Basel nach Breisach – 05.07.2008

Bereits auf dem Bahnhof stellte ich fest, dass das Kabel an meinem Tacho gerissen war. Zum Glück fuhr mein Vater die nächsten drei Tage mit und ich konnte die Daten von ihm übernehmen. Es war der 05.07.2008 und mein dritter Tag der Radtour. Um 9:14 Uhr verließen wir den Bahnhof Friedrichshafen, um an den Badischen Bahnhof Basel zu kommen, an dem ich vor sechs Wochen die erste Etappe beendet hatte. Für dieses Mal hatte ich mir in den zwei zu Verfügung stehenden Wochen als Ziel Köln vorgenommen. Auf jeden Fall wollte ich aber bis Mainz kommen. Meine Hoffnung war aber, die deutsch-niederländische Grenze in Kleve zu erreichen. Mein Umfeld, bzw. mein Freundeskreis war überwiegend sehr skeptisch, ob ich diese Ziele erreichen würde, da ich ja bereits nach zwei Tagen auf der ersten Etappe nach Basel große Schmerzen hatte. Geplant waren immer ca. 80 km am Tag. Nach zwei Tagen war ein Ruhetag eingeplant. Ankunft in Basel um 11:20 Uhr.

In einem Blumenladen am Bahnhof versuchte ich mit Klebeband das gerissene Kabel am Tacho notdürftig zu flicken. – Leider ohne Erfolg. Meine Stärken liegen halt doch mehr im Büro als im Handwerk. Um 11:30 Uhr radelten wir los. Als erstes mussten wir durch Basel auf die andere Rheinseite gelangen. In meinem Tourenführer von

„Bikeline" waren die Wege auf der französischen Seite als besser, bzw. als asphaltiert ausgewiesen. Außerdem wollte mein Vater sich den Hafen von Kemps anschauen, um vielleicht sein Boot dort über den Winter festzumachen.

Bereits nach wenigen Metern mussten wir das erste Mal wenden, da wir die Auffahrt der Rheinbrücke verpasst hatten. Auch auf der anderen Rheinseite fanden wir den Radweg nicht sofort und fuhren mehr oder weniger nach Sonnenstand in Richtung Frankreich. Doch bald, wie später noch öfter auf der Tour, kamen wir irgendwie wieder auf den ausgeschilderten Weg.

Prinzipiell muss man sagen, dass in der Schweiz und auch in Frankreich die Radwege gut ausgebaut und gut beschildert sind. Wir fuhren aus Basel und der sich anschließenden französischen Stadt Hunigue auf einem mit Schotter belegten Radweg am kleinen „Canal de Huningue" heraus Richtung Kemps. Schnurgerade verlief der Weg idyllisch an dem sehr alten und heute nicht mehr von der Schifffahrt genutzten Kanal.

Nach 13 km am „Canal de Huningue" kamen wir um ca. 12:40 Uhr am Hafen von Kemps an. Um ein paar Informationen zu bekommen holte sich mein Vater Rat vom Hafenmeister, während ich in Ruhe probiere mit Isolierband meinen Tacho zu reparieren. – Wieder erfolglos. Bürohände sind einfach nicht fürs Handwerk gemacht.

Wir wollten gerade losfahren, da fiel meinem Vater auf, dass er seine Brille vermisste. Vor ca. 3-4 km war er über einen kleinen Stock gefahren. Wir fuhren im Schritttempo die 3-4 km zurück und suchten den Wegrand ab. Genauso auch den ganzen Weg wieder zurück. Diese Aktion kostete uns eine Stunde Zeit und wir fanden die Brille nicht auf dem Weg. Es ist ärgerlich, denn die Brille kostete ca. 500 Euro.

Weiter ging es nun 13 km am „Canal du Rhône du Rhin" – dem Rhein – Rhône Kanal weg vom Rhein in das Landesinnere, um dann wieder Richtung Norden 28 km durch den Wald zu fahren. Hier war es zum Glück etwas kühler, da wir heute einen ansonsten recht warmen Tag hatten und mir diese Wärme doch zu schaffen machte. Vielleicht war es nicht die beste Idee so eine Tour im Hochsommer durchziehen zu wollen.

Mitten im Wald, wir hatten gerade eine Landstraße überquert, forderte ich die nächste Pause, um meine Trinkflasche mit den Vorräten aus meinem Rucksack wieder aufzufüllen. Bei dieser Pause wollte mein Vater sich seine Pfeife anstecken und – oh Wunder – seine Brille war in einem Fach im Rucksack, in dem er nicht gesucht hatte. (Hallo Vater, wer hat dir in Kemps gesagt: schau zuerst gründlich im Rucksack nach?) Erleichtert ging es weiter.

Jetzt wieder frischer drückte ich auf das Tempo und wollte noch ein paar Kilometer gut machen. Unser Tagesziel lautete Neuf-Brisach / Breisach. In Blodelsheim sahen wir einen kleinen Laden, in dem wir kühle Getränke kauften und kurz davor Pause machten. Es war bereits 15:45 Uhr. Langsam schwanden die Kräfte. Nach dieser Pause bekam ich aber meine zweite Luft und konnte nochmals mit ordentlichem Tempo 15 km gut in die Pedale treten.

Wenig später waren meine Kräfte aber für heute erstmal aufgebraucht. Wir standen in Algolsheim, einem Vorort von Neuf-Brisach in einer Bushaltestelle. Nicht nur dass ich in der Hitze schon sehr geschafft war, auch wollte ich nun endlich in ein Hotel und Feierabend für heute machen.

Ankunft in Breisach um 17:15 Uhr – 256 Kilometer

Nur mühsam schleppte ich mich die letzten 10 Kilometer über die Rheinbrücke nach Breisach. Gleich am Ortseingang sah ich eine Tankstelle, bei der ich erstmal ein paar Vorräte für die Nacht kaufen konnte. Es war 17:30 Uhr und ich fühlte mich wieder gut, um weitere Kilometer Fahrrad zu fahren. Doch vielleicht, auch zu meinem Glück, hatten wir das Tagesziel erreicht.

Noch an der Tankstelle schaute ich in meinem Routenführer nach einem Hotel und suchte auf dem Stadtplan den Weg dorthin. Wir hatten Glück. Gleich beim ersten Versuch hatten wir ein Zimmer in der Fußgängerzone von Breisach im Hotel Schlüssel für 50 Euro das Doppelzimmer pro Nacht gefunden. Es ist neben der Herberge in Waldshut das einzige Hotel auf der Tour, welches nicht mit einem Fernseher ausgestattet war. Ein herber Verlust, da so die Freizeitgestaltung (liegend auf dem Rücken mit Krämpfen) sehr eingeschränkt war.

Wir aßen sehr lecker zu Abend und tranken das ein oder andere Bier. So gegen 19:00 Uhr ging ich aufs Zimmer und legte mich zum Ausruhen aufs Bett. Aus dem Handyradio hörte ich zwei Stunden lang noch Musik bis ich mich entschloss nochmals mit Vater ein, zwei Bier zu trinken.

Kilometerleistung heute 81 km

4. Tag von Breisach nach Kehl

Abfahrt in Breisach um 9:00 Uhr. Zusammen mit einem Schweizer Pärchen verließen wir das Hotel und suchten uns den Weg zum Rhein. Heute wollten wir auf der deutschen Rheinseite direkt auf dem Rheindamm fahren. Leider hatten wir hier keinen Asphalt sondern Schotter.

Anfangs fuhren wir noch gemeinsam mit den Schweizern, doch schon bald war mir das Tempo zu langsam. Mit ca. 25 km/h radelten wir 1,5 Stunden monoton auf dem Damm. Der Schotter ging auf die Handgelenke und es war sehr anstrengend. An der Staustufe Rhinau sahen wir eine Imbissbude mit Biergarnituren davor. Spontan entschlossen wir uns hier einen Frühschoppen zu machen. Besser gesagt ich entschloss mich dazu und meinem Vater blieb eigentlich nichts anderes übrig, als auch Pause zu machen. Nach 15 Minuten ging es weiter.

Wir wollten doch wieder auf die französische Rheinseite, da hier laut Kartenbuch die Wege einfach besser ausgezeichnet waren. Auf einer absolut geraden und ebenen Rheininsel fuhren wir bis zur 10 km entfernten Schleuse auf Tempo (Tour de France wir kommen!!!). Dies war der einzige nennenswerte Teil auf der ganzen Tour, bei dem ich nicht voraus radelte. Im Windschatten jagten wir mit knapp 30 km/h geradeaus. Bauartbedingt konnte ich nicht schneller fahren, da mir die höheren Gänge an meinem Fahrrad fehlten. Nach weiteren 5 km erreichten wir Rhinau, wo wir mit der Fähre wieder auf das deutsche Ufer übersetzen wollten. Noch beim Auffahren auf die Fähre begann es sehr stark zu regnen.

Vor dem geschlossenen Fährehäuschen auf deutscher Seite standen schon einige Radler unter dem Dach und auch das Schweizer Pärchen aus unserem Hotel war schon da. Sie hatten den Weg auf der deutschen Seite gewählt und keinen Frühschoppen eingelegt. Wir erfuhren, dass sie auf dem Weg nach Borkum und schon einige Male die Rheinradtour gefahren waren. Dann wollten sie im Regen weiterfahren. Da Vater und ich beide keine Schutzbleche hatten, wollten wir erst noch etwas abwarten, als aber ein weiterer Radfahrer von der Fähre kommend an uns vorbeifuhr und allen Radfahrern unter dem Dach zurief, wir seien „Weicheier", setzten auch wir voller Scham die Tour fort.

Zum Glück hatte ich eine Regenjacke dabei, doch mein Vater leider nicht. Nach ca. 10 km war auf meiner Karte eine Raststation eingezeichnet. Diese wollten wir erreichen und Mittag machen. Im Regen ging es los und nach rund 8 km dachten wir, diese Raststation bereits schon zu sehen. Auf einer Staustufe stand am Straßenrand eine mobile Würstchenbude. Bei genauerem betrachten entschlossen wir uns aber hier nichts zu essen. Ich fuhr zuerst los - wieder zurück auf die deutsche Seite, um die nächste Raststätte anzufahren. Doch mein Vater – nur Gott weiß warum – fuhr auf die französische Seite und dachte, ich wäre hinter ihm. Da ich auf der anderen Seite an der Zufahrt zur Staustufe wartete, ich dachte noch, Vater will sich noch schnell eine Jacke anziehen, war es mir nach 20 Minuten zu bunt. Ich ahnte schon, dass Vater in die falsche Richtung gefahren war. Daher dachte ich, es wird ihm schon nach ein paar

Metern auffallen, dass er falsch fuhr. ich war ja nicht mehr bei ihm. Auch auf dem Handy versuchte ich ihn erfolglos zu erreichen. Also musste ich wohl oder übel hinterher, da er ja keine Karten mitführte.

Nach zwei Kilometern kam er mir endlich entgegen. Ich war schon stocksauer, dass wir an zwei Tagen hintereinander durch seine Fehler jeweils eine Stunde verloren hatten. Aber es brachte jetzt nichts groß zu meckern oder zu schimpfen. Wir hatten Hunger und wollten weiter.

Nach weiteren zwei Kilometern auf der deutschen Rheinseite kamen wir nun auch endlich zu einem ordentlichen Gasthaus (Gasthaus Rheinlust in Ottersheim), in das wir erstmal zum frisch machen, bzw. abtrocknen auf der Toilette verschwanden. Wir waren beide nass bis auf die Haut. Das Essen war gut bürgerlich und reichlich. Auch das Bier schmeckte schon wieder nach heute bisher 50 km. Jedoch hätte ich wohl auch selbst französisches Bier getrunken. Hauptsache trinken!

Zum Glück hatte der Regen aufgehört. Doch der rote Schotter hatte sich deutlich auf unseren Rädern und Klamotten abgezeichnet. Da wir vermuteten, dass jetzt direkt nach dem Regen viele Pfützen auf dem Dammweg entstanden waren, entschieden wir uns bis zu unserem Tagesziel in Kehl weiter auf der Straße im Hinterland zu fahren. Die letzten 30 Kilometer ging ich auch für mich mit sehr hohem Tempo an. Für meinen Vater war es mit seinem Rennrad kein Problem hinter mir mit 27-28 km/h dranzubleiben. In Marlen, einem Vorort von Kehl putzten wir notdürftig unsere Fahrräder an einer Tankstelle und fuhren nun gemütlich in Kehl ein.

Für das erste Hotel, in dem wir nach einem Zimmer fragen wollen, mussten wir durch die ganze Stadt zum Bahnhof. Doch die Polizei war schon vor Ort und kontrollierte die Arbeiter an dem abbruchreifen ehemaligen Hotel Astoria. Hier fanden wir kein Zimmer mehr. Doch da die Polizei, dein Freund und Helfer, gerade da war, fragte ich sie gleich nach dem Weg zu unserer Hotelalternative Nummer zwei. Wir mussten wieder durch die ganze Fußgängerzone und bekamen dann auch tatsächlich im Hotel Hofreit ein Doppelzimmer für 59,50 Euro pro Nacht. Dies war allerdings kein schönes Hotel und zum Essen zogen wir los in die Innenstadt.

Nach einem weiteren Regenschauer kamen wir zurück ins Hotel und beschlossen den Tag vom Fernseher im Doppelzimmer.

Kilometerleistung heute 84 km; Kilometerleistung gesamt 340 km.

5. Tag von Kehl nach Wörth

Abfahrt um 8:45 Uhr. Vater musste heute zum Bahnhof nach Karlsruhe kommen. Wir standen also etwas unter Zeitdruck. Wieder ging es durch die Fußgängerzone von Kehl, doch dieses Mal gleich danach direkt über die Europabrücke nach Strasbourg. Wir fanden nicht gleich den richtigen Weg. Doch bald waren wir in den schönsten Rheinauen und kamen mitten im Wald zu einer Baustelle an einer Brücke über einen der unzähligen Wasserläufe hier. Auf einer für Fahrradfahrer ausgeschilderten Umleitung (!) mussten wir über eine Holzbrücke die Fahrräder tragen und hatten nach zwei Kilometern Umweg die andere Seite der Baustelle erreicht.

Es ging weiter und wir radelten jetzt direkt unterhalb des Rheindamms auf sehr guten, asphaltierten Radwegen Richtung Norden. Nach einiger Zeit, mittlerweile war der Radweg zu einer von Autos fast gar nicht benutzten Straße geworden, kamen wir zu ein paar Warnschildern auf denen Lebensgefahr durch eine Autoteststrecke hingewiesen wurde. Wir ignorieren die Schilder und fuhren weiter.

Gerade mal ein Auto in Schrittgeschwindigkeit und mit gelbem Licht auf dem Dach kam uns entgegen und am Ende der Teststrecke, in einer Baracke, nahm der Mann auch keine Notiz von uns.

In Drusenheim fuhren wir vom Radweg weg in den Ortskern und machten 30 Minuten Mittagspause an einem Supermarkt. Wir fuhren wieder mit sehr hoher Geschwindigkeit weiter und machten nach einer Stunde an einer sehr hässlichen, einsamen und verlassenen Hütte am Radweg abermals Pause.

Bereits 5 Minuten später kam das Schweizer Pärchen aus dem Hotel in Breisach vorbei. Sie hielten kurz an, so dass einige Worte gewechselt werden konnten. Wir würden sie wohl jetzt nicht wieder treffen, da sie im nächsten Ort abseits des Radweges Pause machen und heute noch bis Germersheim und am Tag danach bis Mainz kommen wollten.

Für uns ging es wieder in hohem Tempo weiter. Wir erreichten die Landesgrenze Frankreich – Deutschland auf der linken Rheinseite und nahmen nach ein paar Kilometern die Fähre auf die rechte Rheinseite. Kosten für die bisher kleinste Fähre, die wir gesehen hatten 2 Euro. – Ja wir sind wieder in Deutschland. Die französischen Fähren hatten kein Geld gekostet.

Es war 14:15 Uhr und wir waren gut in der Zeit. Wir entschieden uns direkt an der Fähre in einem Gasthaus ein Bier zu trinken. Um 15:00 Uhr gingen wir die letzten Kilometer nach Karlsruhe an. Schon im Stadtgebiet von Karlsruhe sahen wir ein Fahrradgeschäft. Wir hielten an und ich bekam endlich wieder einen neuen Tacho für 20 Euro. Schnell noch nach dem Weg gefragt, denn in Deutschland ist die Beschilderung der Radwege eher schlecht, ging es zum Hauptbahnhof weiter.

Nach exakt 100 km kamen wir um 16:20 Uhr am Bahnhof an. Ich wartete noch darauf, dass mein Vater seine Fahrkarte hatte und nach einem Gang zur Toilette fuhr ich gegen 17:00 Uhr weiter, um ein Hotel zu finden. Ich wollte aber vorher wieder zurück an den Rhein, raus aus der großen Stadt, damit ich morgen früh nicht im Berufsverkehr losradeln musste.

Durch die Kaiserstraße, die Prachtstraße in der Innenstadt, fuhr ich nach Himmelsrichtung und einigem mehrfachen Fragen über den Rhein auf das linksrheinisch gelegene Wörth. Hier war gleich mein zweiter Versuch ein Hotel zu finden von Erfolg gekrönt. Im Hotel „Zum Anker" fand ich für 34 Euro ein Einzelzimmer für die Nacht. In diesem malerischen Ort mit vielen alten Fachwerkhäusern im alten Ortskern versuchte ich noch eine Portion Spaghetti zu finden und ein paar Bier trinken, um dann den Schlaf des Gerechten zu finden. Alles mit Erfolg!

Kilometerleistung heute: 116 km;
Kilometerleistung gesamt: 456 km

Tag 6 von Wörth nach Worms
Noch sehr euphorisch hatte ich gestern meinen Vater am Bahnhof gesagt, ich fühlte mich so gut, als ob man mir das „Gelbe Trikot" verliehen hätte. Um 8:15 Uhr ging es in strömenden Regen los. Ich musste um 15:15 Uhr am Mannheimer Hauptbahnhof sein, da mein Bruder Nico und seine Frau Birgit mich von hier an ein paar Tage begleiten wollten. Vielleicht hätte ich eine halbe Stunde länger im Hotel bleiben sollen, da der Regen nun aufgehört hatte. Trotz Regenjacke war ich wieder nass bis auf die Haut, da mein Aktivshirt unter der Jacke schnell durchgeschwitzt war. Nach meinem Geschmack war das nun schon viel zu oft auf dieser Tour passiert, wobei auch schon einmal für mich einmal zu viel gewesen wäre.

Weiter fuhr ich durch nie enden wollende Rheinauen und kam doch um 9:30 Uhr in Germersheim an. An einer Tankstelle machte ich meinen Frühschoppen und zog nach einer 15 Minuten Pause wieder den Fahrradhelm auf, um weiter zu kommen. Der Fahrradhelm war mir immer sehr wichtig gewesen, so dass ich keinen Meter auf meinen Touren oder meiner Trainingsfahrten je ohne ihn zurückgelegt hätte.

Ich war wieder sehr schnell unterwegs und hatte bis hier einen beachtlichen Schnitt von 22,5 km/h herausgefahren. Bis Speyer war die Fahrt wieder sehr eintönig. Einzige Ausnahme war das Atomkraftwerk Phillipsburg. Nach einem Umweg von 2 Kilometern erreichte ich Speyer. Wieder an einer Tankstelle, direkt am Technikmuseum, machte ich Pause. Die Oberschenkel brannten schon wieder. War ich es heute vielleicht doch zu schnell angegangen? Ohne meinen Vater war ich insgesamt langsamer, da ich nun mehr Augenmerk auf die Landschaft, die Häuser und den Rhein legte. Es sollte doch auch irgendwie eine Urlaubsfahrt sein und nicht eine Radrenntour.

Klar war mein Vater eher auf Tempo gedrillt. Er fuhr ein Rennrad, während ich mit einem – katastrophalen – Mountainbike unterwegs war. Alleine durch die dünnen Reifen und die Übersetzung bei den Zahnrädern hatte es mein Vater deutlich leichter schneller zu fahren. Hinzu kam, dass mein Vater fast ausschließlich in meinem Windschatten fuhr. Zugegeben, es war eine Menge Windschatten hinter mir…

Ich fuhr weiter bis Otterstadt. Hier wollte ich Mittag machen. Heute waren es bereits 58 km gefahrene Kilometer und die Uhr zeigte nicht mal Mittag an. Es war 11:45 Uhr. An einer Dönerbude im Ort setzte ich mich auf eine Bank. Wieder begann es leicht zu regnen, hörte aber auch bald wieder auf.

Nach einem genauen Blick auf die Karte stellte ich fest, dass ich schon sehr nah an Mannheim war. Bequem konnte ich jetzt das Tempo herausnehmen. Bis zur Fähre Altrip waren es noch 10 km. Die Fähre sollte mich an das andere Rheinufer bringen, da der Mannheimer Bahnhof in der Richtung zu finden war. Gerade eben noch schaffte ich die Fähre und traf wieder das Schweizer Pärchen, welches bereits seit Breisach bei mir bekannt war. Es war kaum zu glauben, dass ich Mator und Sonja, so stellten sie sich mir vor, nochmals eingeholt hatte. Wir radelten jetzt zusammen bis in die Mannheimer Innenstadt.

Durch das Industriegebiet fuhren wir gemütlich im leichten Regen, der seit der Fähre wieder eingesetzt hatte. An der Brücke nach Ludwigshafen verabschiedeten wir uns wieder. Dieses Mal wohl endgültig. Sie wollten heute noch nach Mainz und ich hatte jetzt Wartezeit am Bahnhof von Mannheim.

Am Bahnhof setzte ich mich an den Bahnsteig und warte 1,5 Stunden. Dabei schaue ich mir die Züge an und ruhte mich aus. Kurz bevor der Zug mit meinem Bruder und seiner Frau in den Bahnhof einlief, wollte ich noch schnell ein trockenes Hemd anziehen. Um ca. 15:00 Uhr brach auf einmal ein kurzes, aber kräftiges Unwetter über Mannheim los. Das konnte ich jetzt natürlich absolut gebrauchen. Nach 15 Minuten, pünktlich zur Ankunft der beiden, war aber alles wieder vorüber.

Nachdem Nico mich nach dem theoretisch weitesten Punkt unserer gemeinsamen Fahrt gefragt hatte, sagte ich ihm: Koblenz. Im selben Moment dachte ich aber, dass das wohl ein bisschen zu optimistisch sein dürfte. Aber Nico holte die Rückfahrkarten von Koblenz aus am Bahnschalter, da er mit diesen Karten auch noch einige Orte davor in den Zug einsteigen konnte.

Wir fuhren um 16:00 Uhr weiter Richtung Worms. Ich wollte sehen, wie sich die beiden ohne Training auf dem Fahrrad machten und erhöhte langsam und unbemerkt immer mehr das Tempo. Es ging recht gut und wir kamen nach einer lustigen Fahrt durch die Felder in Worms an.

Hier hatte der Spaß aber ein Ende. Es war schier nicht möglich ein Hotel für drei Personen zu finden.

Selbst die örtliche Jugendherberge war bereits voll. Vor einem Fahrradgeschäft, in dem sich Birgit eine Radlerhose und Nico einen anderen Sattel kauften, telefonierte ich die Hotels ab. Endlich fand ich eines. Bereits beim Check-In war ein vollgepackter Kanadier mit seinem Fahrrad da und wollte ebenfalls einchecken. Er sprach kein Wort Deutsch und ich dolmetschte für ihn an der Rezeption. Wir verabredeten uns für das Abendessen im gleichen Haus.

Das Einzelzimmer für mich kostete 46 Euro. Für diesen Hotelstandart war dies sehr teuer. Dafür war das Essen preiswert und gut. Mit Graham North, so heiß der Kanadier, hatten wir einen interessanten Abend. Nico und ich, sowie bald noch zwei weitere Fahrrad fahrende Hotelgäste, unterhielten uns mit Graham. Er wollte nach Strasbourg und hatte eigentlich keine Ahnung von den Entfernungen in Europa. Er fiel aus allen Wolken, als ich ihm sagte, dass er es wohl Morgen nicht wirklich schaffen würde bis Strasbourg zu kommen.

Kilometerleistung heute 109; Kilometerleistung insgesamt 567 km.

Tag 7 von Worms nach Bingen

Abfahrt in Worms um 8:45 Uhr. Wir fuhren durch das sehr schlecht ausgeschilderte und für Fahrradfahrer nicht gemachte Industriegebiet von Worms bis wir die Stadtgrenze und dann die eigentlichen Fahrradwege erreichten. Durch die Dörfer am Rhein radelten wir und erlebten zwischen Hamm/Eich und Oppenheim auf 12 km den wohl schlechtesten Radweg der Fahrradtour. Erst begann es noch mit Schotter, dann kamen große Pflastersteine und als Krönung, als wir schon dachten es wird wieder besser, ein Trampelpfad auf dem Damm. Auch nach der Beschilderung verfuhren wir uns noch obendrein. Dies war ein suboptimaler Start in den Fahrradtag.

An der Fähre Nierstein war dann endlich Pause angesagt. Nico und Birgit hielten sich bis jetzt noch überraschend gut. Sorgen machte Birgit und mir nur Nicos Rucksack, an dem der Reißverschluss in den letzten Zügen lag. Es wurde wieder hügelig. Durch Weinberge fuhren wir etwas abseits vom Rhein Richtung Mainz. Um 13:15 Uhr, nach rund 60 km, erreichten wir die Stadtgrenze der Rheinland-Pfälzischen Landeshauptstadt.

Wir fotografierten uns gegenseitig mit dem Ortsschild. Mein Minimalziel war somit erreicht. Nico kaufte sich in Mainz in einem Outdoor-Geschäft endlich einen anständigen Rucksack. Mainz war somit erledigt und wir fuhren weiter. Durch ein Industriegebiet aus der Stadt heraus ging es nun Richtung Bingen. Das Fahren wurde nun für die beiden in der Mittagshitze zur Qual. Durch Schrebergärten ging es nur noch langsam vorwärts. Birgit sagte schon gar nichts mehr und trampelte mit hochrotem Kopf hinterher. Ich ließ mich zurückfallen und fuhr neben ihr her. Dabei unterhielten wir uns über belangloses Zeugs und auf einmal ging es wieder besser bei ihr.

Nun machte ich das gleiche auch mit Nico und auch hier ging es wieder besser vorwärts. An mir war wohl ein kleiner Psychologe verloren gegangen…

In Gaulsheim, 5 km vor Bingen, fragte ich gleich bei dem erst besten Hotel und hatte auch gleich

Glück. Im Hotel „Zurstraßen" bekam ich zwei Zimmer für je 40 Euro. Es war sogar ein Doppelzimmer für mich. Das Hotel machte einen sehr guten Eindruck und Nico hatte seine helle Freude an den Zügen, die direkt am Haus vorbei donnerten. Auch das Abendessen im Hinterhof war lecker. Ich hatte, wie schon so oft die letzten Tage, wieder ein „SchniPoSa" – Schnitzel-Pommes-Salat bestellt. Auch das Bier kam nicht zu kurz. Wir waren heute insgesamt 5:30 Stunden im Sattel gesessen bei einem Schnitt von 16,6 km/h. Alleine fuhr ich zwar deutlich schneller, aber ich wollte mich an den Tagen mit Nico und Birgit auch etwas erholen.

Kilometerleistung heute 92 km; Kilometer gesamt 659 km.

Tag 8 von Bingen nach Kesselheim
Abfahrt in Bingen/Gaulsheim um 8:45 Uhr. Nico hatte sich heute Morgen noch ein paar Visitenkarten vom Hotel mitgenommen, was sich später noch als Glück herausstellen sollte.

Mit gutem Tempo von 22-24 km/h radelten wir bis Bacharach. Am dortigen Schiffsanleger machten wir um 10:00 Uhr unseren Frühschoppen. Es war interessant die vielen Lastschiffe auf dem Rhein zu sehen. Heute taten Nico und Birgit kräftig die Hintern weh. Dies lag wohl doch an den Trainingsrückständen.

Wir fuhren weiter Richtung Norden. Gegen Mittag hatten wir die Loreley in St. Goar erreicht. Wir machten aber ein Foto vom gegenüberliegenden Betonwerk Scheer, welches einem Bekannten von uns gehörte. Leider war er aber zurzeit selber im

Urlaub. Im Ortskern von St. Goar hielten wir an einer Imbissbude direkt am Rheinufer. Ein perfekter Ort, um über eine Stunde Mittagspause zu machen.

Ab diesem Zeitpunkt hatten wir Gegenwind und kamen nicht mehr so einfach vorwärts. Immer wieder hielten wir kurz an, um etwas zu trinken und die Beine auszuschütteln. In Spay war noch einmal Pause angesagt. Wir standen nun kurz vor Koblenz. Birgit war im Gegensatz ihres natürlichen Naturells sehr ruhig geworden.

Es war so gegen 15:45 Uhr, als wir Koblenz erreichten. An der Uferpromenade radelten wir Richtung „Deutsches Eck". Bei einem kurzen Halt fragten wir schnell im Mercure Hotel nach einem Zimmer für drei Personen. 200 Euro für eine Nacht waren uns aber deutlich zu viel. Ich wollte Koblenz eigentlich hinter mir lassen, damit ich morgens wieder schnell weiterkommen konnte. Der Zug der Beiden ging erst um 16:00 Uhr Richtung Heimat los. Es sollte somit kein Problem für Nico und Birgit sein ein paar Kilometer am nächsten Tag wieder zurück nach Koblenz zu fahren.

Am „Deutschen Eck" wurden von uns noch schnell die obligatorischen Fotos geschossen und schon ging es weiter. Wir kamen durch den Vorort Neuendorf. Ein sehr hässlicher Ort wie wir fanden. In einem Hotel fragte ich nur widerwillig nach einem Zimmer und bekam auch (zum Glück) eine Absage. – Alles belegt!

Wir radelten weiter und waren nach ca. 10 km hinter Koblenz in Kesselheim angekommen. Hier hatten wir Glück. Ein schönes Hotel im Familienbetrieb mit angeschlossenem und einfach gehaltenem Biergarten hatte für uns noch Zimmer frei. Jeder bekam ein Einzelzimmer im Hotel Rheintal für je 35 Euro die Nacht.

Wir aßen wie gewohnt unser „SchniPoSa" und nach einigen Bierchen war auch der Tag beschlossen.

Insgesamt war ich stolz auf die Beiden, dass sie diese 210 km durchgehalten hatten. Wir waren heute 4:50 Stunden gefahren und hatten trotz Gegenwind einen Schnitt von 16,7 km/h erreicht. Hätte ich nicht gedacht.

Kilometerleistung heute 81; Kilometer gesamt 740 km

Tag 9 von Kesselheim nach Neuss
Nach dem Frühstück verabschiedete ich mich von Birgit und Nico, die heute wieder mit dem Zug zurückfahren wollten. Ich fuhr um 8:20 Uhr vom Hotel los und bog gleich auf den Rheinradweg. In den Morgenstunden, bei denen es noch kühler war, versuchte ich gleich ein sehr hohes Tempo durchzuziehen und blieb mit einem Flussabwärts fahrenden Schiff immer auf gleicher Höhe. Das Einzige, was mich immer wieder langsamer machte, waren die ständigen Baumwurzeln, welche die Asphaltdecke anhoben. Ich war schon seit ca. 100 km mit einer gewaltigen 8 im Hinterrad unterwegs und wollte dieses nicht komplett zerstören.

Hinter Andernach war ich plötzlich auf einer vierspurigen Bundesstraße. Ich hatte aber kein Kraftfahrstraßenschild gesehen. Trotzdem nahm ich die nächstmögliche Ausfahrt und suchte mir ohne Karte den Weg nach Remagen. Wahrscheinlich lief im Radio schon eine Verkehrsmeldung über einen bescheuerten Radfahrer, der auf der Autobahn unterwegs war…

Die Reste der Brücke von Remagen sah ich nur aus den Augenwinkeln, da ich mich beeilte einen Unterschlupft für den sich ankündigenden Regenschauer zu finden. Einigermaßen Trocken kam ich bis Bonn/Bad Godesberg.

An der Fähre wollte ich wieder einen Schauer abwarten. Doch nach 15 Minuten fuhr ich nun mit Regenjacke weiter. Es regnete jetzt in Strömen. Bis Bonn zog es sich noch ewig hin. Unbehelligt vom Verkehr kam ich an der Villa Hammerschmidt, sowie dem ehemaligen Bundestagshaus vorbei. Hinter Bonn machte ich in einem Kantinenkiosk im Industriegebiet nach ca. 60 km Mittag. Es regnete immer noch mal mehr und mal weniger. Es war jetzt aber abzusehen, dass die Regenfront wohl durchgezogen war.

Es zog sich weiter bis Köln und ich hatte den Eindruck auf der Stelle zu stehen und nicht weiter zu kommen. In Wesseling war dann auch noch im Industriegebiet die Straße wegen Überschwemmung gesperrt. Die anwesenden Feuerwehrmänner, die mit abpumpen beschäftigt waren, fragte ich nach der Umleitung. Leider war hier ein großräumiges Umfahren nötig. Ich musste auf die Dörfer südwestlich von Köln ausweichen und hatte keine Karte für diese Region, nach der ich mich richten konnte.

Auf einer Anhöhe sah ich in der Ferne den Dom. Jetzt fuhr ich kreuz und quer nur nach der

Himmelsrichtung durch Wohngebiete und Felder Richtung Dom.

An der Uferpromenade waren Unmengen von Japanern damit beschäftigt eine alte Kirche zu fotografieren (den Kölner Dom). Nur mühsam bahnte ich mir meinen Weg hindurch.

Ich hatte vor, mir nach Köln, heute hatte ich schon 103 km auf dem Tacho, ein Hotel zu suchen. Hinter den Kölner Häfen entschied ich mich trotzdem noch weiter zu fahren, da es erst 15:45 Uhr war. Dormagen erschien mir als geeignetes Tagesziel. Endlich in Dormagen angekommen fand ich aber kein Hotel vom Fahrradweg aus. Entweder waren die Hotels zu, belegt oder nicht akzeptabel. (Es sollte schon ungezieferfrei sein.)

Kurz hinter Dormagen sah ich dann ein Fahrradgeschäft. Hier konnte ich meine 8 im Hinterrad herausmachen lassen – so dachte ich jedenfalls. Der Mechaniker, es war schon kurz vor 18:00 Uhr, wollte schon Feierabend machen. Doch weil ich auf großer Fahrt war, half er mir noch. Als er mein Rad sah, glaubte er nicht, dass ich damit bereits vom Bodensee aus unterwegs war. Auch die 8 im Hinterrad konnte er nicht einfach so heraus reparieren.

Es waren, wie er mir zeigt, einige (!) Speichen gebrochen. Auch die Pedale hingen schon schlapp verbogen herunter und das Metall kam bereits durch den Kunststoffmantel heraus. Ich entschloss mich für ein neues Hinterrad und neue Pedale.

Während er am Fahrrad schraubte, schüttelte er ständig den Kopf. Als ich ihn fragte warum, meinte er nur, dass er mit diesem Fahrrad höchstens morgens Brötchen holen würde, aber niemals so eine Radtour wie ich sie fuhr beginnen würde.

Die Reparatur kostete mich 70 Euro, die damit sehr gut angelegt waren. Ich bekam noch die Empfehlung in Uedesheim die Jungendherberge für die Nacht als Quartier zu nehmen. Doch da ich keinen Jugendherbergsausweis hatte, würde mich die Übernachtung genauso teuer wie ein Hotelzimmer kommen.

Ich fuhr weiter bis Neuss. Hier lag ja eine Stadt direkt neben der anderen. Da es mittlerweile bereits 19:00 Uhr war, nahm ich gleich das erste Hotel am Ortseingang, welches so einiger Maßen tageslichttauglich aussah. Das Hotel Kolossos für 65 Euro die Nacht sollte es sein. Es war zwar teuer, aber ich war froh endlich ein Hotel gefunden zu haben. Zum Abendessen verabschiedete ich mich aber in die gegenüberliegende Pizzeria und bestelle mir eine „Mafiatorte" (Pizza) zusammen mit einigen Bierchen. Meine effektive Fahrzeit betrug heute 7:45 Stunden mit einem Schnitt von 19,1 km/h. In den Städten konnte man einfach nicht so schnell fahren, da ständig Ampeln den Schwung nahmen.

Kilometerleistung heute 148 km (Königsetappe) Kilometer insgesamt 888 km.

Tag 10 von Neuss nach Kleve
Wieder ein trüber Tag. Ich fuhr um 8:45 Uhr nach einem typischen Frühstück mit zwei Brötchen und etwas O-Saft los und bereits nach wenigen Metern hatte ich mich aufgrund der miserablen Beschilderung verfahren.

Überhaupt waren die nächsten 50 km durch Neuss und Moers durch schlechte Beschilderung, katastrophale Radwege und Stadtverkehr geprägt. Hier machte es keinen Spaß Fahrrad zu fahren. In Uerdingen wurde ich von einem kurzen, aber heftigem Schauer auf einer Eisenbahnbrücke überrascht. Wieder war ich total durchnässt.

In Orsoy hatte ich endlich das Ruhrgebiet hinter mir gelassen. Mitten im Dorf machte ich an einem Restaurant mit Plätzen im Freien Pause. Gut und günstig gab es hier mein „SchniPoSa" und auch die Tischnachbarn waren interessant. Ein Paar im mittleren Alter hatte vor, von Meppen in 30 Tagen nach Rom zu fahren. Dies war nichts für mich. Der Weg führte über die Alpen und mein überaus Anti-Sixpack definierter Körper war nicht für bergauf ausgelegt.

Ich radelte weiter nach Rheinberg. Da ich aber nach dem vielen Verfahren im Ruhrgebiet endlich Strecke machen wollte, fuhr ich entlang der Landstraße, die kerzengerade durch Rheinberg nach Xanten führte. Immer wieder stellte ich mich vor kleinen Regenschauern unter Bäume und warte ab. Seit Rheinberg hatte ich auch starken Gegenwind bekommen. Ich fuhr jetzt nicht mehr nach Norden, sondern der Rhein floss ab hier nach einem Knick in Richtung Westen zur Mündung in Rotterdam.

In Xanten suchte ich wieder mal erfolglos nach einem Hotel und entschloss mich weiter nach Kalkar oder Kleve zu fahren. Auf halber Strecke zwischen Kalkar und Kleve sah ich vor mir einen weiteren Tourenfahrer mit großen Satteltaschen und Zelt auf dem Gepäckträger. Ich schloss releativ schnell auf. Es war schon von weitem zu erkennen, dass auch er bereits auf dem Zahnfleisch fuhr.

Wir unterhielten uns und kamen so gemeinsam mit 20 km/h gut vorwärts. Es beflügelte manchmal, wenn man einfach nur abgelenkt von der eigentlichen Erschöpfung weiterfahren konnte. Er war heute in Düsseldorf gestartet und hatte ziemlich genau die gleichen Kilometer auf dem Tageskilometerzähler wie ich. Erst in Kleve trennten wir uns, da er auf den Campingplatz wollte und ich ein Hotel suchte.

Auch hier war es schwer ein Zimmer zu finden. Erst im Nachbarort Materborn fand ich eine Pension. Das Zimmer kostete mich 38 Euro pro Nacht und nebenan war ein kleines Bistro mit gutem Preisleistungsverhältnis. Aufgrund des Gegenwindes und dem Stadtverkehr hatte ich heute nur einen Schnitt von 18,3 km/h erreicht, war aber immerhin 6:37 Stunden im Sattel gesessen. Der Hintern tat weh und ich hoffte, dass es auf den letzten Kilometern in den Niederlanden nicht allzu schlimm werden würde.

Kilometerleistung heute 121 km; Kilometerleistung gesamt 1.009 km

Tag 11 von Kleve nach Dordrecht
Heute ging es in die Niederlande. Nach meiner Kalkulation war ich nur noch zwei Tage von meinem Ziel Rotterdam entfernt. Abfahrt in der Pension war um 8:30 Uhr. Schnell merkte ich heute, dass ich schwere Beine hatte. Der Gegenwind war sofort mein Feind und machte das Radeln umso schwerer. Ich hatte etwas Bammel, da ich gehört hatte, dass Hotelzimmer auf der

Strecke sehr rar waren und wenn man eines fand auch mit hohen Preisen rechnen musste.

Die letzten 10 km vor Nijmegen hängte ich mich hinter ein junges Mädchen auf einem Hollandfahrrad, welches doch sehr zügig Richtung Innenstadt fuhr. Durch die Fußgängerzone radelte ich in das Industriegebiet, in dem ich mich natürlich auch gleich wiedermal verfuhr.

Trotzdem musste ich zugeben, dass in den Niederlanden sehr viel mehr als bei uns für Fahrradfahrer getan wurde. Die Radwege waren ausnahmslos in sehr gutem Zustand und überall, selbst in Kreisverkehren, vorhanden. Die Beschilderung war vorbildlich und auch selbst mit den Kilometerangaben einwandfrei.

Ich entschied mich dafür nicht auf dem Damm zu fahren, da ich hier dem Gegenwind schutzlos ausgeliefert war. Stattdessen fuhr ich entlang der Landstraße, an der immer wieder Bäume und Häuser einen gewissen Windschutz boten. Ständig kamen mir ganze Gruppen von Radrennfahrern entgegen. Jeder Kilometer war heute ein Kampf.

Große Pausen machte ich nicht. Mittags für 15 Minuten nach 50 km in Ewijk und ein weiteres Mal machte ich nach 105 km am Hafen von Woudrichen Pause. Kurz vor Woudrichen hatte ich mit einer „Fähre", die so groß wie ein kleines Fischerboot auf dem Bodensee war, über einen Seitenarm übergesetzt. Kosten hierfür 1 Euro.

Ab Werkendam (nach 120 km) war ich jetzt intensiv auf der Suche nach einer Unterkunft für die Nacht. Vier Bed & Breakfast Hotels klapperte ich erfolglos ab. Ich entschied mich in Dordrecht ein Hotel zu nehmen. Von einer Fähre, war ich nur noch ca. 17 km entfernt, um danach die Stadt zu erreichen. Jedoch wurde die Zeit knapp, da die letzte Fähre nicht auf mich warten, sondern schon bald laut Fahrplan ablegen würde. Nochmals trat ich kräftig in die Pedale und schaffte es so gerade eben noch, was mich vor einer Nacht in einem Bushaltestellenhäuschen bewahrte.

In der Altstadt am Hafen hatte ich endlich Glück. Im Hotel Dordrecht bezahlte ich 80 Euro pro Nacht. Es war das teuerste Hotel auf der Tour, doch ich war froh überhaupt noch eines gefunden zu haben. Dordrecht, bereits ein Vorort 20 km vor Rotterdam, war eine bemerkenswert schöne Stadt mit vielen Grachten in der Altstadt. Obwohl ich noch nicht ganz in Rotterdam angekommen war, fühlte es sich wie das Ziel an. Ich telefonierte mit meinen Eltern und war sehr euphorisch. Beim der Suche nach einem Restaurant oder Imbissbude schaute ich mich ständig um, ob irgendwo jetzt jemand mit dem „Gelben Trikot" auf mich wartete.

Trotz Gegenwind und schmerzendem Hintern hatte ich heute in den 7:49 Stunden effektiver Fahrzeit einen Schnitt von 18,2 km/h herausgefahren.

Kilometerleistung heute 142 km; Kilometer gesamt 1.151 km

Epilog (12. Tag) von Dordrecht nach Rotterdam
Heute war nur noch gemütliches Radeln angesagt. Ich war 20 km vor Rotterdam und wollte mir noch ein bisschen die Landschaft anschauen. Um 9:00

Uhr fuhr ich durch die Altstadt von Dordrecht zur Fähre nach Papendrecht.

Mit einer eleganten Katamaranfähre setzte ich die 300 Meter über den Fluss. Hier war schon nicht mehr zu sagen, ob es der Hauptarm oder einer der vielen ebenso breiten Nebenläufe des Waals (niederländisch für Rhein) war. An einer Tankstelle füllte ich meine leeren Wasserflaschen wieder auf und fuhr einen kleinen, aber nun geplanten, Umweg zu den 19 Windmühlen von Kinderdijk.

Es war wunderschön durch das Labyrinth der vielen Grachten zu fahren. An den meisten Häusern entlang der Strecke fiel mir auf, dass zwischen der Straße und dem Grundstück eine Gracht von ca. 2-3 Metern Breite war. Jedes Grundstück war somit nur über eine Brücke zu erreichen. Weiter war auffällig, dass alle Vorgärten ordentlich gepflegt und vielmals durch ein Labyrinth von kleinen Zierhecken ausgelegt mit Kieselsteinen waren. Die Einsparungen hierfür wurden an den Gardinen der Häuser vorgenommen. Fast jedes zweite Haus hatte keine Gardinen vor den Fenstern.

Um 11:00 Uhr kam ich dann endlich in Rotterdam an. Ich brauchte noch 40 Minuten, um durch die Innenstadt mit den vielen modernen Hochhäusern und ebenso vielen Großbaustellen zum Bahnhof „Rotterdam Centraal" zu kommen.

Selbst das Bahnhofsgebäude war abgerissen und stattdessen wurden Container aufgestellt. Meine Radtour 2008 von Hagnau nach Rotterdam war hier beendet. Heute waren es nochmals 35 km Wegstrecke. Ich rechnete dies nicht als richtigen

Tourentag, sondern eher als Epilog, bzw. Showlaufen ins Ziel.

Fazit

Festzustellen war, dass ich in 11 Tagen von Hagnau nach Rotterdam gefahren bin. Ich hatte hierzu 1.186 km (im Schnitt 107,8 km am Tag) zurückgelegt. Mein Fahrrad und mein Körpergewicht von 165 kg waren sicherlich nicht für so eine Tour geeignet. Trotz aller Zweifel und auch Zweifler hatte ich es geschafft in einer wesentlich schnelleren Zeit als gedacht. Geplant waren 18 Tage. Eine Woche war ich nun schneller. Vielmals war ich über meine körperlichen Grenzen gegangen. Vor allem die letzten beiden Tourentage gegen den Wind waren ein einziger K(r)ampf und ein Resultat des unbedingten Willens.

Nun wollte ich lobend meine Mutter hervorheben, die mich bis Schaffhausen zusammen mit meinem Vater begleitet hatte (60 km). Außerdem war sie diejenige, welche die Fahrräder von zu Hause bis zum Abfahrts- / Ankunftsbahnhof Friedrichshafen, bzw. Uhldingen gefahren hatte. Nico und Birgit musste auch ich ein Kompliment aussprechen, denen ich es eigentlich nicht zugetraut hätte mich von Mannheim nach Koblenz zu begleiten. (210 km).
Diesen Bericht aber möchte ich meinem Vater widmen. Er ist der eigentliche Radsportbegeisterte in der Familie. Er hatte mich nicht nur von Meersburg nach Schaffhausen begleitet, sondern auch von Basel nach Karlsruhe (265 km zusammen mit dem Weg nach Schaffhausen 325 km) – Danke schön!

Die Heimfahrt
Im Bahnhof Rotterdam wollte ich ein Ticket bis Mannheim kaufen und von dort dann das Baden-Württemberg Ticket erstehen. Die Dame am Schalter sprach auch gut Deutsch, doch sie sagte mir gleich, dass sie mir jederzeit eine Fahrkarte bis Istanbul oder Madrid verkaufen würde. Nicht aber innerhalb von Deutschland, da hier das Tarifsystem zu kompliziert sei. Also erstand ich ein Intercity Ticket von Rotterdam nach Venlo und auch gleich für die Weiterfahrt von Venlo nach Düsseldorf wegen des geringen Aufenthalts in Venlo.

In Düsseldorf ging ich sicherheitshalber gleich zum DB Trevel Shop und wurde nach langem Warten auch freundlich bedient. Leider war es in Deutschland nicht möglich ohne Reservierung ein oder zwei Tage vorher mit dem Fahrrad Intercity zu fahren. Somit war klar, dass ich heute nicht mehr nach Hause kommen würde, da ich nur Regionalzüge nutzen konnte. Aber ich wollte schon mal ein Stück weiter sein, damit ich morgen nicht den ganzen Tag reisen musste.

Mir fiel das Hotel in Bingen/Gaulsheim ein und das Nico die Visitenkarte mitgenommen hatte. Also lies ich mir eine Zugverbindung bis Bingen geben und gleich dazu das Rheinland-Pfalz und Baden-Württemberg Ticket für den Folgetag. Beim Bezahlen mit der EC-Karte achtete ich nicht auf den Preis, und ging dann mit meinen Fahrkarten für mich und mein Fahrrad zum Bahnsteig.

Der Zug hatte jetzt schon 20 Minuten Verspätung und war sehr voll. Bis Koblenz konnte ich sitzen bleiben und war froh nach Köln in einem fast leeren Abteil zu sitzen. Leider musste ich einen Zug später nehmen, da der Zug aus Düsseldorf insgesamt 40 Minuten Verspätung eingefahren hatte. In Koblenz stieg ich dann in den nächsten Regionalzug nach Bingen/Gaulsheim. Auch dieser Zug war zum Glück recht leer. Der Schaffner unterhielt sich eine ganze Weile mit mir und einer andere Reisende über Gott und die Welt ohne nach unseren Fahrkarten zu fragen – zum Glück.

Leider hielt er an jeder Milchkanne und so wurde es eine lange Fahrt entlang des Radweges den ich ja bereits schon kannte. Da mir Nico bereits telefonisch ein Zimmer im Hotel „Zurstraßen" reserviert hatte, lies ich mir von ihm auch die Telefonnummer geben und bestellte schon mal vorab ein „SchniPoSa" für 21:00 Uhr aus dem Zug heraus.

Ich wurde freudig empfangen und die Wirtin war erstaunt, dass ich so schnell schon mit meiner Tour fertig war. Bis um 22:30 Uhr unterhielten wir uns auch mit einem ebenfalls fahrradfahrenden Kölner Ehepaar, das von mir nützliche Tipps für den Weg und Hotels Richtung Basel/Bodensee bekam.

Auf dem Hotelzimmer kam dann der Schock, als ich mir die Fahrkarten, die ich in Düsseldorf gekauft hatte genau anschaute. Die nette Frau am Verkaufsschalter hatte mir zwar das Baden-Württemberg Ticket, sowie ein Ticket für das Fahrrad an beiden Tagen verkauft, nicht aber ein Ticket von Düsseldorf nach Bingen und von Bingen nach Mannheim für mich.

Ich stand am nächsten Morgen extra früher auf, damit ich noch nach Bingen zum Schalter am

Hauptbahnhof kommen konnte. Auch der Schalterbeamte dort merkt, dass ich keine Fahrkarte für mich von Bingen nach Mannheim hatte. (Den Vortag erläuterte ich nicht, um nicht auch noch etwas nachbezahlen zu müssen.)

Ich kaufte so noch ein Rheinland-Pfalz Ticket für 14,60 Euro und musste noch einen Bahnhof weiter radeln, (Bingen-Stadt) von wo aus mein Zug nach Worms losfahren sollte. Der Schalterbeamte in Bingen gab mir auch eine bessere Zugverbindung, als gestern in Düsseldorf im DB-Travel Shop für mich herausgesucht wurde.

Von Worms ging es dann in einem anderen Zug nach Karlsruhe und in Karlsruhe fuhr ich nun in der Schwarzwaldbahn nach Radolfzell. Völlig erschöpft hatte ich noch meinen letzten Zug nach Uhldingen-Mühlhofen vor mir, in dem mich schon eine schreiende und tobende Schulklasse empfing.

Endlich um 15:45 am 15.07.2008 stieg ich aus dem Zug aus. Meine Mutter war mit meinem Auto zum Bahnhof gefahren, um mich abzuholen. Mein erster Weg, nach dem ich meine Mutter bei sich zu Hause abgesetzt hatte, ging zu meinem Fahrradtrainer Hubert, der mich vor erst 9-10 Monaten zum Fahrradfahren gebracht hatte.

Danke Hubert!

Illerradtour 2009
(Trainingstour)

Mit dem VCH - VELO CLUB HAGNAU

Von Oberstdorf nach Ulm 18.06.2009 - 20.06.2009

Geschrieben von Marc, genötigt dazu von Hubert und dem Rest des VCH

1. Tag - Anreise

Wie jedes Jahr wurde auch dieses Mal wieder die alljährliche Fahrradtour des VCH angetreten. Hubert, der Fahrradiator, hatte die Strecke ausgesucht und bis ins kleinste Detail geplant. Mit von der Partie waren dieses Jahr Hubert (natürlich), Fritz, Dieter, Kurt, Gottfried, Gabriel, Claus und als besonderer Gastfahrer Marc.

Am Donnerstag, den 18.06.2009 um 15:30 Uhr sollte es losgehen. Wir trafen uns bei Claus und wurden von Ihm sogleich damit überrascht, dass er aufgrund eines Hexenschusses, Bandscheibenvorfalls oder Genickbruchs (wir sind keine Ärzte und konnten das nicht so genau beurteilen) nicht mitfahren konnte. Schade.

Für Südbadener recht ungewöhnlich ging es ohne Verspätung pünktlich los. Gerade noch ein paar Fotos geschossen, wurden die ersten 13 Kilometer Richtung Bahnhof Friedrichshafen gestartet. Brütend heiß war es an diesem Junitag. Kurt wurde ab Immenstaad vorausgeschickt, da er noch kurz in Fischbach im Büro ein paar Dinge erledigen musste. Zum Glück mussten wir nicht lange in Fischbach auf Ihn warten und so konnten wir bereits kurz nach 16:00 Uhr den Bahnhof erreichen.

Im Gegensatz zu uns war von Seiten der Deutschen Bahn AG keine Pünktlichkeit geboten. Um 16:47 Uhr sollte der Zug nach Lindau den Bahnhof verlassen. Leider wurde bereits hier Verspätung angesammelt und so verpassten wir unseren Anschlusszug von Lindau nach Immenstadt. Erst den mit 20 Minuten Verspätung eintreffenden folgenden Zug konnten wir nutzen.

Leider war aufgrund des warmen Sommerwetters nicht nur von uns der Tag für einen Fahrradausflug genutzt worden. Gerade so eben passten unsere Fahrräder in das völlig überfüllte Fahrradabteil. Und so kam es, dass eine ältere Dame in Hergatz nicht schnell genug zur Tür kam und notgedrungen noch einen Halt weiterfahren musste, was sie sichtlich nicht begeisterte.

Entsprechend der sich immer weiter anhäufenden Verspätung der Bahn mussten wir auch in Immenstadt einen Zug später nehmen. Mit diesem alten, herunter gekommenen Triebwagen erreichten wir gegen 20:00 Uhr den Bahnhof von Oberstdorf. Dies war eine der trockensten Anfahrten, die der Velo Club Hagnau jemals erleben musste. Nur im Lindauer Bahnhof konnte ein nicht sehr prickelndes Büchsenbier organisiert werden. Somit war die Freude über das zum Glück schnell gefundene Hotel Adler groß, in dem wir die Zimmer bezogen und den bereits für uns reservierten Platz auf der Terrasse einnehmen konnten.

Trotz des Angebotes von rotem, wie auch weißem Hagnauer Weins auf der Getränkekarte wurde erstmal ein Weizenbier (pardon, wir sind in Bayern - ein Weißbier) bestellt.

Wir sieben Radler waren die wohl mit Abstand jüngsten Gäste in diesem Haus. Nichts desto trotz war das Essen lecker und die Rechnung fiel auch recht human aus. Da nun wohl die Rheumadecken für die anderen Gäste in den Zimmern bereit lagen, wurde es schnell leer um uns herum und wir nutzten die Gelegenheit die Sehenswürdigkeiten von Oberstdorf zu erkunden. So kam es, dass wir nach wenigen Metern bereits in einem schönen Biergarten mit Live-Musik saßen und die nächste Runde Weißbier bestellten.

Gegen 23:00 Uhr hatte das Wetter umgeschlagen und es begann in Strömen zu Regnen. Dies war ein Vorgeschmack auf den nächsten Tag, wovon wir allerdings noch nicht wirklich etwas ahnten.

Fritz beharrte darauf, dass wir trockenen Fußes losfahren würden und ab 11:35 Uhr mit Regen zu rechnen hätten, den wir aber beim Mittagessen in Ruhe über uns ergehen lassen könnten. Gottfried, als alter Segelkamerad, hatte natürlich bei grob geschätzten 27 Wetterdiensten Berichte eingeholt, denen er aber nicht glaubte und einen Föhndurchbruch prognostizierte. Gegen 0:00 Uhr beendeten wir den Abend und gingen ins Hotel zurück.

Mit dem Fahrrad gefahren heute: 13 km

2. Tag - Oberstdorf nach Aitrach
Wir hatten uns um 8:00 Uhr oder 8:30 Uhr (hier gehen die Meinungen auseinander) zum

Frühstück verabredet. Nach und nach trudelten auch alle Pedalkünstler ein.

Die Stimmung war etwas gedrückt, da es seit den frühen Morgenstunden mal mehr und mal weniger regnete. So wurde das Frühstück reichlich ausgedehnt und als der Regen dann endlich gegen 9:30 Uhr nachließ und sogar ganz aufhörte starteten wir innerhalb einer viertel Stunde.

Marc und Hubert fuhren noch vorab zu einem wenige Meter entferntem Fahrradgeschäft, da Marc kein Schutzblech am Fahrrad hatte. Allerdings war Hubert gleich wieder auf dem Rückweg, um seinen an der Rezeption liegen gelassenen Geldbeute zu holen.

Nun ging es aber los. Schon nach 100 Metern mussten wir das erste Mal einen Passanten nach dem Weg fragen und bereits nach 600 Metern stellten wir fest, dass wir uns das erste Mal (von vielen Malen heute) verfahren hatten.

Vorweg sei gesagt, dass die Beschilderung nicht nur schlecht, sondern miserabel war. Die viel zu wenigen Wegschilder waren an den falschen Stellen angebracht, zu klein und die Pfeilrichtungen konnte erst auf eine Entfernung von 10 Metern erkannt werden. So kam es, dass wir uns nach 3 km bereits wieder verfahren hatten.

Eine Entschädigung war dafür aber der freie Blick auf den Iller-Ursprung. Hier entsteht die Iller aus den drei Flüssen Breitach, Stillach und Trettach. Im Kartenbuch wurde auf das türkisblaue Wasser der Gebirgsflüsse hingewiesen. Leider war aufgrund der Regenfälle in der Nacht nur eine braune Brühe zu sehen.

Nachdem wir ein paar Fotos gemacht hatten, fuhren wir weiter. Der eigentliche Radweg war wegen Bauarbeiten gesperrt und wir mussten somit auf ein paar Trampelpfade ausweichen, die auch nicht immer direkt am Fluss verliefen.

Ab Fischen hatten wir die Baustelle endlich hinter uns gelassen und konnten auf dem Illerdamm - dem offiziellen Radweg - die Fahrt fortsetzen. An Sonthofen vorbei hielten wir erst bei Immenstadt für eine erste kurze (Pinkel)Pause an.

Auf den nächsten Kilometern verfuhren wir uns aufgrund der nicht vorhandenen Beschilderung erneut.

Langsam ging es auf die Mittagszeit zu und wie das Kartenbuch vorausgesagt hatte, mussten wir die ersten Steigungen erklimmen. Nach der erholsamen Abfahrt erreichten wir bei Martinszell wieder die Iller. Da sich die dunklen Regenwolken näherten, beschlossen wir in Martinzell ein Restaurant zu suchen. Leider war der schöne Landgasthof Adler gefühlte 1500 Höhenmeter (tatsächlich mussten wir eine Steigung von wenigen Metern bewältigen) über unserem Ausgangspunkt an der Iller.

Wir hatten gerade die erste Runde Weißbier (wir sind immer noch in Bayern) bestellt, als draußen der Himmel seine Schleusen öffnete. Hätte Fritz gestern die Sommerzeit berücksichtigt, wäre seine 11:35 Uhr Prognose genau hingekommen.

Da der Regen nicht aufhörte und auch nicht wirklich weniger wurde, beschlossen wir nach ca. 2 Stunden weiter zu radeln. Nun musste die

Regenkleidung seine Schuldigkeit tun. Leider irrte hier unser Fahrradiator mit der Wegstrecke und lotste uns den Berg hinauf. An der „Passhöhe" merkten wir, dass wir uns schon wieder verfahren hatten. Nach Karte, Himmelsrichtung und 7. Sinn erreichten wir nach einer langen Abfahrt durch Gehöfte und eine Ortschaft wieder den Fluss.

Bis kurz vor Kempten kamen wir mehr schlecht als recht voran. Tiefe Pfützen und Schlamm zwangen uns zu langsamer Fahrt und erhöhtem Kraftaufwand. An einer Brücke stand dann ein Richtungsschild des Illerradweges. (Da diese Schilder nur selten zu sehen waren, nahmen wir an, dass es auch von Bedeutung war.) Leider erst zu spät merkten wir, dass wir wieder einmal falsch gefahren waren.

Kreuz und Quer, mal hoch mal runter und nach dem Weg fragend fuhren wir im Regen durch Kempten. Erstaunlich ist, dass in Kempten scheinbar niemand den Illerradweg kennt. Wir hatten gerade den Radweg wieder gefunden, als der Schotter wieder begann.

Bis zur nächsten (Pinkel- und jetzt auch Schnaps-) Pause bekamen wir nur Schotter, Pfützen und viel Vegetation am Flussufer zu sehen.

Da Marc die Karte hatte und Hubert meinte die anderen nicht demoralisieren zu können, wurde verkündet, es seien nur noch 25 km. Zu diesem Zeitpunkt waren ca. 50 km geschafft.

Sichtlich ausgelaugt kamen wir an Krugzell vorbei. Laut Karte war hier ein steiler Anstieg zu bewältigen und die Karte log leider nicht. Im subjektiv befundenen 90° Winkel (laut

Straßenschild waren es 16% Steigung) erhob sich vor uns der Weg. Alle stiegen wir ab und schoben unsere Räder.

Oben wurde erneute eine (Pinkel- & Schnaps-) Pause eingelegt. Zu unserem Ärgernis hörte die Steigung bis Altusried gar nicht mehr auf und das Fahrerfeld wurde zusehend auseinandergezogen.

Um uns zu stärken wollten wir an einer Bäckerei anhalten, doch inzwischen war es schon spät geworden und wir fanden keinen offenen Bäckerladen mehr.

Bereits in Altusried ging es wieder bergauf. Eigentlich wollten wir ja eine lockere Fahrradtour an der Iller radeln. Heute war es aber eher ein Höhentraining. Bei einem Pferdehof wollten wir zwar einkehren, doch leider hatte die Wirtschaft nicht geöffnet.

Nun ging es all das, was wir vorher bergauf gefahren waren wieder bergab. Endlich machten sich auch die Gewichtsvorteile des einen oder anderen Radlers bemerkbar. Doch leider hat jede Abfahrt mal ein Ende und so mussten wir auch sofort wieder steil bergauf. Wieder schoben wir die Räder (Flusstour - ja, ja, schön flach eben!).

Der einzige Vorteil war nun seit Altusried, dass der elende Schotter mit seinem Schlamm und Pfützen aufgehört hatte. Auf geteerten Straßen steuerten wir nun auf Legau zu, wo wir an einem Kiosk endlich etwas Verpflegung zu uns nehmen konnten.

Fritz hatte jetzt spürbar zu kämpfen und Hubert klagte auch schon über sein Knie. Nur Gabriel bekam seine zweite Luft und fuhr ganz vorne mit. Für den einen Qual, für den anderen der schönste Teil des Tages, fuhren wir jetzt nicht mehr auf dem Radweg, sondern auf der Bundesstraße direkt auf Aitrach zu und erreichten das vorab gebuchte Hotel Löwen gegen 20:00 Uhr.

Aufgrund der schlechten Beschilderung und der da heraus entstandenen Umwege war der Tag zur Tortour geworden. Nicht ohne war auch das Wetter, welches noch seinen Teil zur Qual beitrug. Da die Fahrräder total verdreckt waren, nutzten wir den Gartenschlauch um Fahrrad und teilweise auch die Kleidung zu säubern.

Kurz nachdem wir uns auf den Zimmern frisch gemacht hatten, saßen wir bereits am Tisch und hatten die ersten Weizenbiere in der Hand. Das Abendessen war reichlich. Besonders am Salat wurde in der Küche nicht gespart. Wieder war Hagnauer Wein auf der Karte, der auch bald bestellt wurde.

Schon gegen 23:00 Uhr verzogen sich die ersten zum Schlafen. Scheinbar hatten sich andere der Gruppe soweit wieder erholt, dass man sich noch bis 2:00 Uhr an den Tisch des Damentanzvereins setzen konnte und noch die eine oder andere Flasche Wein trank.

Kilometer heute 97,5 km; Kilometer gesamt 110,5 km

3. Tag - Aitrach nach Ulm und Rückfahrt
Um 8:30 Uhr waren wir zum Frühstück verabredet, und trotz der späten Stunde am Vorabend waren alle vollzählig erschienen. Das Wetter hatte sich

gebessert. Es sah zwar noch bedeckt aus doch es war trocken. Leider waren die Temperaturen bereits am Vortag unter die 20°C Marke gefallen. Fast alle von uns fuhren mit Jacken los.

Heute war laut Karte nur eine Strecke von 60 km zu fahren. Gleich ging es wieder an den Uferradweg. Stupide durch dichte Vegetation schlängelte sich der Radweg immer am Ufer der Iller entlang. Wie auf der Karte zu sehen war, hatten wir heute fast ausschließlich mit Schotter zu rechnen. Dementsprechend wurden wir auch ordentlich durchgerüttelt.

Nach 13 km, Gottfried hatte gerade sein Privatrennen mit einem jungen Pärchen auf einem Tandem hinter sich, ereilte ihn der Pannenteufel. Doch die Gruppe war eng beieinander und so wurde mit vereinten Kräften das Loch im Schlauch geflickt. Zum Glück blieb dies die einzige Panne auf dieser Tour. Ca. 20 Minuten später konnten wir weiterfahren.

Nach weiteren 12 km, in Kleinkellmünz wurde Mittag gemacht. Auf der Terrasse der Dorfkneipe wurden wir recht günstig mit Bier und Hausmannskost versorgt. Bereits nach einer Stunde machten wir uns wieder auf die Strecke. Doch wie gestern setzte auch heute wieder der Regen ein. Waren gestern noch großen Mengen vom Himmel gekommen, hielt sich heute Petrus zurück und ließ uns gewähren.

Wieder durch monotone Landschaft radelten wir rund 1,5 Stunden bis wir erneut eine Pause einschoben. Diesmal waren wir rund 20 km bis Vöhringen gefahren und kehrten in einer

Vereinsgaststätte des örtlichen Schützenvereins ein.

Die Pausen, die wir gestern nicht eingelegt hatten wurden somit heute nachgeholt. Bemerkenswert ist, dass auf dem gesamten Illerradweg keine Kioske, Biergärten oder Wirtschaften direkt am Radweg liegen, die wohl allesamt zumindest mit unserer Truppe ein glänzendes Geschäft gemacht hätten.

Nachdem wir wieder ca. 1 Stunde gerastet hatten, wurden die letzten 18 km in Angriff genommen. Das Wetter war nun trocken und nach einigen Kilometern konnten wir auch unsere Jacken wieder ausziehen.

Die Kilometer am Wegrand zeigten uns nun an, dass der Zusammenfluss von Iller und Donau nicht mehr weit sein konnte. Am Flusskilometer Null, dem Zusammenfluss, hielten wir an, um noch einmal Fotos zu schießen.

Jetzt war es nur noch ein Katzensprung bis zum Bahnhof Ulm, dem Ziel der Fahrradtour. Um 16:30 Uhr nach 63 km heute trafen wir am Reiseziel ein.

Nachdem wir die Fahrkarten erstanden und noch etwas Stärkung zu uns genommen hatten, fuhren wir um 17:12 Uhr mit dem InterRegio in Ulm Richtung Friedrichshafen ab. Bis auf ein Mädchen im Rollstuhl hatten wir das Fahrradabteil für uns alleine.

Nach ca. 1,5 Stunden Zugfahrt war dann der Bahnhof Friedrichshafen erreicht. Obwohl es einige Anregungen gab, ein Großraumtaxi zu bestellen, entschieden wir uns doch dafür die Strecke bis Hagnau mit dem Fahrrad zu fahren.

Als wenn wir noch keinen Kilometer in den Beinen hätten, fuhren wir mit hohem Tempo der Heimat entgegen und so kamen wir um 19:30 im Strandbad Hagnau an.

Wie nicht anders zu erwarten war, wurde natürlich als erstes eine Runde Weizenbier geordert. Leider mussten die Gebrüder Kreml die Runde bald verlassen, da noch ein Familienfest wartete.

Da jetzt nicht mehr am Straßenverkehr teilgenommen werden musste und die Tour bewältigt war, wurde dem Alkohol kräftig zugesprochen und so kam es, dass auch der eine oder andere Wodka vernichtet wurde.

Alles in allem muss man sagen, dass trotz der widrigen Bedingungen allen die Tour Spaß gemacht hat und alle froh waren die Tour gefahren zu sein. Bis zum nächsten Jahr!

Kilometer heute: 75,5 km; Kilometer gesamt: 186 km

Donautour 2009

Von Donaueschingen nach Wien

1. Tag von Donaueschingen nach Mengen
01.06.2009
Für meinen Vater war es etwas überraschend, als ich ihm am Vorabend sagte, dass ich heute meine diesjährige Radtour beginnen wollte. Doch trotz seiner Einwände (Abfahrt um 8:00 Uhr nach Donaueschingen und unsicheres Wetter) war er bereit mitzukommen. Da sein gutes Rennrad derzeit nicht einsatzbereit war, musste er auf sein altes Modell zurückgreifen. Solche Probleme sind mir fremd, da ich immer noch meinen alten, maroden Drahtesel (110 Euro vom Fahrradbasar, vergl. Radtour 2008 - Hagnau-Rotterdam) hatte.

Da in meinen Chrysler Voyager die beiden Fahrräder und drei Personen passten, nahmen wir das Auto und nicht den Zug, um die ca. 45 Minuten bis Donaueschingen zu überbrücken. Na ja, bis wir dann tatsächllch in Donaueschingen die Fahrräder und uns fahrbereit hatten, war es dann doch kurz nach 9:00 Uhr. Schon auf der Hinfahrt fiel es mir vor Schrecken auf, dass ich meinen Fahrradtacho zu Hause hatte liegen lassen. Auch Vaters Modell war nicht in Ordnung, da die Batterien verbraucht waren. So mussten wir die Fahrt wohl oder übel ohne Tacho und nur nach dem Tourenführer von „bikeline - Donauradweg Teil 1" angehen. Nachträglich musste ich sowieso feststellen, dass ich die Tour im letzten Jahr besser vorbereitet hatte. Mein Körpergewicht war auf beachtliche 175 kg ausgewuchtet. Auch körperlich war ich nicht so fit wie im Vorjahr. Gestern erst hatte ich mit einem

Freund eine Fahrradtour um den Überlinger See (67 km) absolviert, die ich heute noch in den Beinen spürte.

Am Bahnhof in Donaueschingen begannen wir die Tour. Meine Mutter verabschiedete sich von uns und fuhr mit meinem Auto wieder nach Hause. Es war 9:10 Uhr als die Radtour 2009 - Donaueschingen-Wien für mich bei recht kühlem Wetter begann. Mit langer Hose und T-Shirt über dem Fahrradtrikot und Rucksack auf dem Rücken bogen wir um die ersten Kurven Richtung Wien ein.

Für heute war das Mindestziel Sigmaringen, wenn möglich sogar Mengen. Schon die letzten Tage pfiff ein starker Ostwind und heute, zum Glück nicht mehr ganz so kräftig, hatten wir diesen Ostwind gegen uns. Durch eine Parkanlage gingen die ersten Meter Richtung Vereinigung von Brigach und Breg, dem eigentlichen Ursprung der Donau. Eine spezielle Donauquelle gibt es nicht (trotz so genanntem Brunnen im Schlosspark von Donaueschingen). Der Zusammenfluss ist eher unspektakulär und war auch kein großer Blickfang für uns. Der Radweg verlief hier im Zick-Zack durch Wiesen und Felder bis zum Donautal, beginnend ab etwa Fridingen.

Schon vorher hatten wir die ersten Anstiege vor uns, etwa in Pfohren und vor Geisingen bekamen wir einen Vorgeschmack der nicht ganz ebenen ersten Etappe. Unser Tempo war hoch, da trotz Gegenwind mein Vater mit seinem alten Rennrad recht zügig begann. In Immendingen mussten wir dann bereits das erste Mal meinen Tourenführer befragen, da wir wohl einen Abzweig übersehen hatten. Aber sogleich war der richtige Weg wieder gefunden.

Nach rund 40 km war kurz hinter Tuttlingen die erste Rast in Nendingen angesagt - Frühschoppen -. Erstmal ein gutes „Sport - Weizenbier" trinken. Am Himmel zeigten sich die ersten grauen Wolken, die uns auch den ganzen Tag über begleiten sollten. Es war ja schließlich auch für den Nachmittag Gewitter angesagt. Am Nebentisch saßen ein paar ältere Einheimische, die auch gerne mit dem Fahrrad tourten. Als wir Ihnen unser Tagesziel Sigmaringen oder Mengen sagten, waren sie eher skeptisch, ob das zu machen ist. Naja, ein alter Mann mit Rennrad und ein stark übergewichtiger, 32-jähriger Möchtegern-Tourenfahrer…

Nach nur 30 Minuten Pause ging es weiter. Meine Beine waren bereits schwer und ich spürte die gestrige Fahrradtour immer noch in meinen Oberschenkeln. Mir war die Pause ein bisschen zu kurz geraten und so strebte ich für die Mittagspause schon bald eine weitere, längere Pause an. Meine Eltern waren vor kurzem erst die Tour von Mühlheim bis Hausen und zurückgefahren und somit kannte mein Vater die kommenden 25 km. Er schlug vor, die Ziegelhütte nach Fridingen als Raststation zu nutzen. Ich willigte gerne ein und so machten wir nach nur ca. 12,5 km Fahrt die nächste Pause. Dieses Mal allerdings für eine Stunde, da wir auch etwas zu Mittag aßen und wieder ein Bier tranken. Immer wieder fegten Windböen über den Rastplatz und die dunklen Wolken waren am Himmel bedrohlich zu sehen.

Ab hier bestand der Weg hauptsächlich aus Schotter und kaum noch Asphalt. Dafür verlief die Route hauptsächlich windgeschützt durch den Wald. Wie zur Begrüßung im Donautal ging es auch gleich mal steil bergauf. Leider war das keine Ausnahme. Bis Sigmaringen waren zum Teil immer wieder heftige Steigungen und ebensolche Abfahrten zu bewältigen. Nun musste ich kräftig Tribut für das anfänglich hohe Tempo zollen und blieb bei fast jedem Anstieg zurück. Nur langsam konnte ich mich die Berge hinauf quälen. Kloster Beuron war ein mentaler Zielpunkt, denn hier war auch ich bereits vor einigen Tagen mit dem Motorrad und hatte mir die Steigung angeschaut. Endlich war dann auch Beuron bezwungen. Seit der letzten Pause war viel Verkehr durch andere Radfahrer und Wanderer auf dem doch recht breiten Weg. Immer wieder mussten wir vor allem auf den Abfahrten kräftig bremsen, um den anderen Ausflüglern auszuweichen. Also wenn ich schon mal am Rollen war, dann nutzte ich das auch gerne aus. – Masse schiebt!

Ab Hausen wurde es dann weniger mit den Störenfrieden, nicht aber mit den Anstiegen. Auf einem kurzen aber steilen Anstieg kurz vor Gutenstein knackte es bei mir an den Pedalen. Allerdings konnte ich nicht genau feststellen, was geknackt hatte und da das Fahrrad keine Probleme zeigte, machte ich mir auch keine Gedanken.

Nun kam doch recht unerwartet der steilste und längste Anstieg des Tages vor Inzigkofen. Im Tourenbuch war zwar ein steiler Anstieg verzeichnet, nicht aber wie lang er war. Durch enge Kurven konnte man auch nicht das Ende einsehen. Vater war den Berg flott voraus angegangen. Ich dagegen hatte in den kleinsten Gang geschaltet und kämpfte mich Meter um Meter hinauf. Immer wieder wollte ich absteigen und schieben, dachte aber immer, bis zu dem nächsten Schild oder bis zum nächsten Baum schaffe ich es noch. Die letzten 300 Meter waren dann wieder gerade und was musste ich sehen? Mein Vater schob sein Fahrrad den Berg hoch (er besteht darauf, dass es nur die letzten Meter waren), während ich noch im Sattel saß. Wenige Meter vor der „Passhöhe" hatte ich ihn dann eingeholt. Ich war durch das zuletzt langsame Treten schon soweit erholt, dass ich nicht mal mehr eine Pause brauchte.

Trotzdem war ich ziemlich angefressen, da ich doch eine Donautour fahren und nicht die Bergwertung der „Tour de France" gewinnen wollte. „Wenn ich die Donau von oben sehen will, schaue ich bei ´Google Earth´ oder nehme mir einen Hubschrauber!" fluchte ich.

Nach Sigmaringen führte die Strecke dann erst lange bergab. Die letzten Meter am Schloss vorbei waren dann eben. Bereits in Sigmaringen hielten wir die Augen nach einem Biergarten auf, da wir beide nach der langen Etappe Hunger hatten. Da ich aber nicht in die Innenstadt wollte, fuhren wir auf dem Radweg weiter, bis wir in Sigmaringendorf ein Döner-Restaurant fanden, in dem wir uns ausgiebig Zeit für Essen und Trinken nahmen.

Gerade als wir meine Mutter anrufen wollten, um die Heimfahrt für meinen Vater zu organisieren, rief sie an. Wir bestellten sie zum Bahnhof nach Mengen, der nur noch ca. 8 km entfernt war. So machten wir uns auf den Weg. In Scheer übersah ich wohl ein Schild, welches den Fahrradweg markierte. Doch hier kannte ich mich auch so aus. Die letzten Kräfte mobilisierend fuhren wir rasch Richtung Mengen. Auch hier kam mir zugute, dass ich mich in der Gegend auskannte und den Bahnhof nicht suchen brauchte. Etwa 10 Minuten waren wir sogar eher als meiner Mutter da.

Um die Hotelsuche zu erleichtern, hatte ich vor mit meiner Mutter die einzelnen Hotels abzuklappern. Erfahrungsgemäß ist die Hotelsuche sehr zeitaufwändig. Doch gleich beim ersten Hotel (Rebstock) hatten wir Glück. Günstig an der Hauptstraße gelegen fand ich ein sehr sauberes und gut ausgestattetes Zimmer für recht üppige 52 Euro. Nun holte ich noch meinen wartenden Vater mit meinem Fahrrad vom Bahnhof ab und verabschiedete mich von meinen Eltern. Vater und Mutter fuhren nun gemütlich mit dem Auto nach Hause zurück. Morgen sollte es alleine nach Ulm weiter gehen.

Kilometer heute: 106 km. (laut Tourenheft)

2. Tag von Mengen nach Ulm
Gestern Abend hatte ich noch einen ehemaligen Arbeitskollegen aus Mengen getroffen und das ein oder andere Bier getrunken (natürlich fast alkoholfrei). Auch die Oberschenkel schmerzten bereits am Vorabend. Doch schon um 8:30 Uhr fuhr ich wieder. Gleich auf den ersten Metern musste ich feststellen, dass der gestern von meiner Mutter mitgebrachte Tacho nicht zählte. Super!

Bis Riedlingen ging es wieder durch Wiesen und Felder anfangs im Zick-Zack, nachher auf langen Geraden immer in der Nähe der Donau und topfeben entlang bis Riedlingen. Hier nach exakt 20 km laut Tourenbuch untersuchte ich meinen Tacho und siehe da, nur der Magnet im Vorderrad war verschoben und ich konnte den Tacho leicht wieder gangbar machen. Aus mir wird aber wohl eher kein Mechaniker mehr…

Dann wollte ich erst einmal frühstücken und meine Getränkevorräte auffrischen. An einer Tankstelle verbrachte ich ca. 20 Minuten für meine Frühstückspause und radelte dann wieder etwas munterer weiter. Bis Zell war der Weg sehr angenehm und ich kam gut voran. Doch nun war es vorbei mit dem gut ausgebauten Radweg. Nach der ersten Anhöhe im Dorf ging es dann auf einem Trampelpfad und auf einer Brücke, sogar direkt an den Eisenbahnschienen entlang, über die Donau. Hier hatte mein Lenker zu den Geländern an beiden Seiten nur jeweils 10 cm Platz.

Hinter Zwiefaltendorf war der Weg zum Glück wieder asphaltiert. Leider änderte sich die Topographie von eben auf sehr wellig. Nach einer leichten Anhöhe machte der Weg eine 90° Kurve und vor mir war nur noch eine Asphaltwand, die es zu erklimmen galt. Gerade oben angekommen, ging es auch gleich wieder steil bergab um danach wieder sofort wieder steil bergauf zu fahren. Also ich finde ja, dass man dort einen Fahrrad-Tunnel bauen könnte.

Fast ganz oben kam ich dann mit meinem rechten Fuß an den Schutz zwischen Pedal und großem Zahnrad. Mit einem Krachen viel das Schutzplastik ab und baumelte am Pedal. Provisorisch versuchte ich es wieder anzudrücken, aber dadurch, dass einige Teile abgebrochen waren (wahrscheinlich das Knacken am Vortag) konnte es nicht lange halten und nur ca. 10 km weiter fiel das Teil wieder ab. Diesmal warf ich es aber in den Müll und hatte wieder 200 Gramm weniger Ballast mitzuführen.

In Untermarchtal führte der Radweg wieder auf gutem Untergrund bergauf, um dann wieder steil bergab zu führen. Auch hier wieder die Bitte für einen Tunnel. Auch Munderkingen musste man erklimmen. Hier frischte ich meine Getränkevorräte auf und fuhr schnell weiter, da mich erste Regentropfen erfassten, die ich aber auch schnell hinter mir lassen konnte. Beim Blick über die Schulter sah ich, dass es wohl in Munderkingen heftig regnen musste. Auch Glück braucht man halt manchmal, wenn man schon keine Fahrrad-Tunnel bekommt!

Bis Ehingen gab es weiter keine Probleme, außer, dass ich einmal den Radweg verpasste und auf der Straße ein paar Kilometer strampeln musste. Ehingen selber wäre wohl wieder was für eine Bergankunft der „Tour de France". Unverständlicherweise führte der Radweg bis Ehingen sehr lange und steil bergauf, um danach wieder bergab zu gehen. Für mein Verständnis hätte man kurz vor Ehingen den Radweg abbiegen lassen und die ca. 3 km bis zur nächsten Ortschaft entlang der Donau eben gestalten können. (Ja, ja, Donau von oben = „Google Earth!" - Aber auf mich hört ja keiner!)

Dies war der letzte Anstieg für heute und es ging wieder absolut eben durch Wiesen und Felder. Ab und zu kam ich auch durch Dörfer, aber kein anderer Radler war weit und breit zu sehen. Heute wurde ich noch nicht einmal von irgendwelchen

Rennradfahrern überholt. Kaum ein Mensch unterwegs bei jetzt wieder wunderbarem Wetter.

In Erbach hatte ich dann meine erste Umleitung zu bewältigen, da eine Brücke gesperrt war. Leider war die Umleitung nicht ausgeschildert und an einem Stadtplan traf ich dann auf ein englisch sprechendes Pärchen, welches ebenfalls nicht weiterwusste. Zusammen fanden wir dann doch den Weg und ich fuhr weiter.

Nun stand das erste Mal bei einem Vorort bereits „Ulm" auf dem Ortsschild. Das beflügelte mich natürlich, denn die Schmerzen in den Oberschenkeln und am Hintern waren schon beachtlich. Erst durch das Industriegebiet von Donautal (das Nest heißt wirklich so – wie einfallsreich!) und dann durch wunderschöne Donauauen führte der Radweg zum Zusammenfluss von Donau und Iller.

Entlang der Bahnlinie ging es die letzten 3 Kilometer Richtung Ulm-Zentrum. Der Radweg war hier durch die dichte Vegetation sonnen- und windgeschützt. Erst direkt am Abzweig zum Hauptbahnhof lichtete sich der Bewuchs und die letzten paar Meter bis zum Bahnhof waren dann eine Erleichterung für mich. Um 14:45 Uhr kam ich hier an.

Leider muss ich hier meine Tour unterbrechen, da zuhause im Büro die Arbeit wartete. Für 22,30 Euro kaufte ich eine Fahrkarte zurück nach Friedrichshafen, wo mich mein Bruder mit meinem Auto abholen sollte. Da der Zug auch wenige Minuten später abfahren sollte, reichte die Zeit gerade noch um einen Happen zu essen.

Um 16:30 Uhr mit den obligatorischen 5 Minuten Verspätung der Bahn kam ich dann in Friedrichshafen an.

Kilometer heute 95 km - Kilometer insgesamt 201 km.

3. Tag von Ulm nach Zirgesheim

Endlich geht es weiter! Mitten in der Nacht, also um 7:00 Uhr bereits wurde ich von meiner Mutter zuhause mit dem Auto abgeholt, um zum Bahnhof Friedrichshafen zu gelangen. Um 7:32 Uhr sollte mein Zug in Richtung Ulm abfahren. Es war schon interessant, dass die Deutsche Bahn krumme Uhrzeiten (7:32 Uhr) angab und dann doch erst um 7:35 Uhr abfuhr. Nun, es sollte mich nicht weiter stören. Um Viertel vor Neun kam mein Zug in Ulm am Hauptbahnhof an. Im Zug hatte ich noch interessante Gespräche mit Fahrradtouristen. Oma, Mutter und Sohn wollten die Mosel abradeln. Eine bemerkenswerte Konstellation.

Ich fuhr sofort los und war auch sofort an der Stelle der Donau, an der ich das letzte Mal Richtung Bahnhof abgebogen war.

Zwischenzeitlich war ich außerdem mit dem Velo-Club-Hagnau sozusagen als Trainingseinheit die Iller von Oberstdorf nach Ulm abgeradelt (186 km in zwei Tagen – Siehe vorheriges Kapitel). Allerdings war das Wetter bei dieser Trainingstour suboptimal. Andererseits konnte ich meine nachträglich angebrachten Schutzbleche ausgiebig erproben.

Der Wetterbericht für die nächsten Tage war nicht sonderlich aufbauend. Extreme Hitze und starke

Regenfälle mit Gewittern waren für die nächsten Tage vorausgesagt. Na gut, stoppen könnte mich eh nur ein Wintereinbruch aufgrund meiner sommerlichen Bekleidung. Wie auch im Vorjahr war ich nur mit Rucksack und mit Lenkertasche unterwegs. Da ich Klamotten nur bis Passau einkalkulieren brauchte war mein Rucksack dieses Jahr mit 7 kg auch leichter.

Direkt am Uferweg ging es stromabwärts. So früh am Morgen, es war Samstag, traf ich nur auf ein paar wenige Jogger oder Hunde, die Ihre Herrchen Gassi führten. Vorbei ging es an den Tribünen, die gerade für das alljährliche „Fischerstechen" aufgebaut wurden.

Nach wenigen Kilometern, der Radweg führte hier ein paar Kilometer von der Donau weg ins Landesinnere, hatte ich auch schon in Unterelchingen die erste Umleitung. Eine Brücke über die Autobahn war gesperrt. Zum Glück kostete mich der Umweg über die nächste Brücke nur ein paar hundert Meter.

Nun ging es durch den Donauwald bei Leipheim. Ein sehr innovativer Name, dachte ich mir, den ich bestimmt noch einige Male auf meiner Karte lesen würde. Die nächsten 5 km fast 100% geradeaus auf sehr tiefem Schotter stellten eine erste Herausforderung für mich da. In diesem Jahr war ich nicht ganz so gut trainiert wie im Vorjahr. Vor allem das monotone geradeaus fahren war langweilig.

Mein erster Fixpunkt auf der Karte kam in Sicht: Günzburg (nach 28 km). Bevor ich aber über die Brücke in das südlich der Donau gelegene Günzburg fuhr, bog ich wieder links ab und fuhr durch einen weiteren Wald auf einem Schotterweg. Ich überholte zwei schwer bepackte Tourenfahrer, obwohl diese auch schnell unterwegs waren. Leider wurde ich mehrmals durch Kajakfahrer ausgebremst, die mitten auf dem Radweg ihre Utensilien ausgebreitet hatten. So holten mich die beiden Tourenfahrer wieder ein. Wir kamen ins Gespräch und es stellte sich heraus, dass Sie bereits von Freiburg durch den Hochschwarzwald auf dem Weg zurück nach Dresden waren. - Hochschwarzwald - könnte mir nicht passieren...!

Kurz vor Gundelfingen machten wir zu dritt Frühschoppen an einer schönen Raststätte. Zwei alkoholfreie Weizenbiere lies ich mir nach jetzt schon 40 km schmecken.

Es ging weiter Richtung Lauingen. Hier wollten die beiden nach Norden in Richtung Nördlingen abbiegen. Am Ortseingang hielten wir vor einem Stadtplan, um uns zu orientieren. Plötzlich fing direkt hinter uns auf dem Haus eine Sirene an zu heulen. Sogar der Boden zitterte. Es war der Probealarm um 12:00 Uhr. Würde ich hier wohnen, hätte ich das Haus mit der Sirene wohl schon längst gesprengt.

Wir fuhren in die Innenstadt. Hier verabschiedeten sich die beiden von mir, da sie noch zu Mittag essen wollten. Da sich am Himmel hinter uns bereits ein Gewitter zusammenbraute, wollte ich noch schnell die letzten Kilometer nach Dillingen hinter mich bringen und dort ebenfalls Mittag machen. Bereits am Ortseingang fing es an zu grummeln. Ich schaffte es gerade noch in die erst beste Wirtschaft, als sämtlicher Regen, der noch oben war, innerhalb weniger Minuten vom Himmel kam. Ich saß mit einem Pärchen im mittleren Alter im überdachten Eingangsbereich, da ich es nicht mal mehr geschafft hatte mein Fahrrad abzuschließen. Es war 12:30 Uhr und ich hatte 60 km geschafft. Nun schmeckte mir auch die Riesencurrywurst mit Pommes (für nur 4,80 €) und zwei alkoholfreie Weizenbiere.

Ich kam mit dem Pärchen ins Gespräch. Sie kamen aus Darmstadt und wollten von Donaueschingen nach Passau radeln. Allerdings hatten sie sich hierfür zwei Woche Zeit genommen und die Hotels fest gebucht. Da es sich nicht um ehrgeizige Sportler handelte, schreckten sie auch nicht davor zurück die Bahn für Teilstücke zu nehmen.

Obwohl es schon wieder aufgehört hatte zu regnen wartete ich noch eine Weile, bis die Wege wieder halbwegs abgetrocknet waren. Das Darmstädter Ehepaar war bereits 15 Minuten vor mir weitergefahren. 13 km später hatte ich sie aber wieder eingeholt. Ich war auf den ersten 75 km heute einen Schnitt von 21 km/h gefahren. Jetzt wurde es aber schwerer und immer heißer. An einer Anzeigetafel sah ich, dass es 29°C im Schatten hatte. Ich fuhr aber in der Sonne…

Mit den Darmstädtern fuhr ich noch ca. 10 km, um mich zu erholen. Dann war es mir aber doch zu langsam und ich nahm wieder mein Tempo auf. An Getränken hatte ich nur warmen Sprudel dabei. Fehler! Besser wäre Leitungswasser, da die Blubberbläschen bei mir im Magen Samba tanzten.

Kurz vor Donauwörth fing ich an nach Hotels zu telefonieren. Es war 16:00 Uhr und aus Erfahrung wusste ich, dass es später zu Problemen führen könnte, wenn man nicht rechtzeitig eine Bleibe gefunden hatte. Man war dann gezwungen bis zur totalen Erschöpfung spät am Abend weiter zu strampeln, um doch noch etwas zu finden. So war es auch tatsächlich. Das Hotel in Marxheim, welches ich mir vorab im Internet ausgesucht hatte, war schon voll besetzt. So fand ich etwas in Zirgesheim im Gästehaus Mayer, eine Ortschaft hinter Donauwörth. Das Zimmer kostete mich 39,50 Euro. Das waren ähnliche Preise, die ich letztes Jahr am Rhein bezahlt hatte.

Ich war ziemlich platt und legte mich nach meiner Ankunft um 16:30 Uhr erstmal noch nicht ins Bett, da ich über eine Stunde später immer noch fürchterlich schwitzte. Das war halt die schlechte Vorbereitung. Vielleicht hätte ich heute noch 20-30 km geschafft, aber ich war mit 100 km genau im Plan.

Gegen 19:00 Uhr ging ich dann zum Abendessen. Ich hatte gerade meine Bestellung aufgenommen, als das Darmstädter Pärchen sich bei mir an den Tisch setzte. Es war ein Abend mit interessanten Gesprächen und endet erst weit nach Einbruch der Dunkelheit.

Kilometer heute: 100 km; Kilometer insgesamt: 301; Fahrzeit 5:08 Std.; Schnitt 19,4 km/h

4. Tag von Zirgesheim nach Eining
Als ich aufwachte, so gegen 8:00 Uhr, regnet es - toll! Zum Frühstück waren die Darmstädter wieder da. Sie verschwanden aber gleich danach wieder auf ihrem Zimmer, während ich um 9:00 Uhr wieder losradelte. Es war bedrohlich dunkel am

Himmel und nach bereits 5 km konnte ich mein Regenzeug anziehen. Es regnete kübelweise vom Himmel!

Vor Marxheim musste ich mich noch einige Male Anhöhen hoch kämpfen und dann kam der steilste und längste Berg. Im strömenden Regen erreichte ich die „Pass-Höhe", aber fand niemanden, der mir das gepunktete Bergtrikot überreichen wollte. Betrug!

Am Ende der Abfahrt regnete es so stark, dass ich mich zu einem älteren Schweizer Ehepaar unter das Vordach eines Feuerwehrhauses stellte. Auch hier entwickelte sich wieder ein interessantes Gespräch. Die beiden kamen aus Graubünden. In dem Fall waren sie also mit Bergen vertraut. Trotzdem waren sie überrascht, dass man an der Donau entlang auch einige Berge erklimmen musste – ich auch.

Da ich nicht so viel Zeit verlieren wollte, fuhr ich trotz Regen, nass war ich ja eh schon, weiter.

Nach Marxheim radelte ich nicht wieder auf den Radweg zur Donau hinunter, sondern blieb auf der Landstraße. Der Radweg war hier als Schotterweg ausgeschildert, und den Matsch wollte ich mir ersparen.

In Neuburg a. d. Donau hörte der Regen endlich wieder auf und die Sonne kam sogar heraus. Unglaublich, wie schnell alles wieder abgetrocknet war. Ich fuhr über die Donaubrücke auf das südliche Ufer und kam direkt in einen großen, mittelalterlichen Umzug. Es war kein Durchkommen in Sicht. Dann aber, nach ein paar Metern Schieben, konnte ich hinter den

Zuschauern und den Fernsehkameras des Bayrischen Rundfunks vorbeifahren. Am Ende des Umzugs fragte ich einen Polizisten nach einer Tankstelle zur Verpflegungsauffrischung, doch er sagt mir, dass ich dafür nochmals durch den gesamten Umzug musste. - Dann halt nicht.

Schnur geradeaus ging es auf dem Radweg neben der Straße auf das Jagdschloss Grünau zu. Ab hier musste ich wieder mit Schotter vorliebnehmen. Langsam war ich wieder geschlaucht. Erst der Regen, dann die Hitze und jetzt auch noch Schotter. Quälend lang ging es bis zur Ortschaft Weichering. Hier wollte ich einem Biergartenschild folgen und verpasste den Radweg. Da sah man mal wieder, was die Aussicht auf einen Suff so anrichten kann.

Nach einer kurzen Rast zum Wasser trinken, fragte ich einen jungen Passanten mit einem Fahrrad nach dem Weg. Er war freundlich und radelte mit mir ca. 2 km in die entgegengesetzte Richtung bis zum Radweg. - Toll, war ich wieder umsonst in die Pedale getreten.

Die letzten Kilometer nach Ingolstadt würde ich aber wohl auch noch schaffen und so hielt ich direkt an der ersten Wirtschaft in Ingolstadt nach 60 km um 13:00 Uhr. Es war ein italienisches Restaurant, in dem wohl nur Fertiggerichte serviert wurden. Ich konnte das beurteilen, da mein Essen zuhause ähnlich aussah und schmeckte.

Ich füllte noch meine Wasserflaschen auf und fuhr um 14:00 Uhr weiter. Nun würde ich gerne eine kurze Bemerkung zu den Leuten machen, die den Radweg in Ingolstadt beschildert hatten: Was soll der Scheiß mit der Stadtrundfahrt?! - Ich fuhr über die Donau wieder auf das nördliche Ufer und sah noch rechts der Brücke wie ein Radweg weiter verlief. Ich orientierte mich aber an den Schildern, die mich bergauf in die Innenstadt von Ingolstadt führten. Dann ging es rechts, links, rechts, links, wieder links und noch mal links durch die engen Gassen, bis ich wieder auf dem Radweg war, den ich bei der Überfahrt über die Donau bereits gesehen hatte. Auch ein kurzer Verbindungsweg von wenigen Metern war vorhanden. Daher mein Ärger.

Nach der Stadtrundfahr ging stadtauswärts an Industrieanlagen vorbei weiter. Es war ein langweiliger Schotterweg. Später wurde es nur noch ein Trampelpfad, bei dem ich mich aber mehrmals genau versicherte, dass ich noch immer auf dem Donauradweg war. Erst als es wieder sicher geradeaus ging befasste ich mich wieder mit meinen normalen „Radfahrergedanken", bzw. meinen „´Tour de France´ Etappensiegen". Schon war es wieder passiert und ich hatte den Abzweig über die Donau verpasst. Egal, der Weg war laut Kartenheft auf beiden Seiten geschottert.

Kurz vor Vohburg überquerte ich wieder den Fluss auf das südliche Ufer. Am Ortsausgang ging es wieder zurück auf das nördliche Flussufer. Ich füllte noch kurz Wasser aus meinen Vorratsflaschen in meine Trinkflasche, die direkt am Fahrradrahmen eine Halterung hatten.

Erstaunlicher Weise fühlte ich mich jetzt wieder frischer, machte nochmals richtig Dampf und kam gut voran. Trotzdem würde ich wohl das letzte Schiff vom Kloster Weltenburg nach Kelheim nicht mehr schaffen. Laut meinem Tourenheft fuhr dieses um 17:30 Uhr ab. Mein neues Tagesziel war also Bad Gögging, ca. 10 km vor Kloster Weltenburg.

Es zog wieder ein Gewitter auf. Noch vor Bad Gögging wurde ich wieder nass. Ich hatte gerade noch kurz einem Fahrrad fahrenden Ungarn den Weg auf den Campingplatz gezeigt, als die ersten Tropfen fielen.

In Bad Gögging hielt ich an einer Tankstelle. Die Hotelpreise schienen hier (Kurort) doch über meinem geplanten Budget zu liegen. Die ganzen Sterne an den Hotels machten mich nervös. Ich fragte die Tankstellenverkäuferin, wie weit es noch bis Kloster Weltenburg wäre. Auf Ihren Ratschlag hin fuhr ich auf der Landstraße weiter. Es könnte knapp werden, aber vielleicht schaffte ich es doch noch.

Als ich in Eining an einem Biergarten vorbeischoss, sah ich gerade noch aus den Augenwinkeln, dass es hier Einzelzimmer für 18 Euro die Nacht gab. Ich warf den Anker und mit einer Vollbremsung kam ich gerade noch zum Stehen. Mir war das Risiko zu groß in Weltenburg das Schiff zu verpassen und checkte im Hotel ein. So günstig hatte ich noch nie in einem Hotel übernachtet. Natürlich musste man Abstriche in Kauf nehmen. Es gab nur eine Etagentoilette, aber ich war der einzige Gast und deshalb störte mich das nicht. Schlimmer war, dass die Dusche ca. 30 cm von meinem Bett entfernt installiert war. Außerdem war es ein Dachzimmer und das Fenster über dem Bett stand wohl schon den ganzen Tag offen (es hatte geregnet…). Das alles war ja noch hinzunehmen, aber dass ich zwei Stunden der Nacht für die Mückenjagd aufbringen musste, war im Nachhinein nicht tragbar.

Nach dem Abendessen (gut und günstig) zog ich mich auf mein Zimmer zurück, da ich den extremen Dialekt der Stammtischler nur schwer verstehen konnte. Außerdem wurde ich von ein paar Gästen aufgefordert den Tisch zu wechseln, da sie jetzt „Schafkopf" spielen wollten. Na ja, die sind halt etwas anders, die Niederbayern.

Kilometer heute: 104; Gesamt: 405; Fahrzeit: 5:56 Std.; Schnitt 17,5 km/h

5. Tag von Eining nach Reibersdorf

Nach zwei Stunden Mückenschlacht mit drei Gegnern war die Nacht viel zu heiß und zu kurz. Laut meinem Kartenheft ging die erste Fähre von Kloster Weltenburg nach Kelheim um 9:30 Uhr. Ich machte mich also für die letzten 6 km gegen 9:00 Uhr auf den Weg. Da hätte mir ja auch jemand sagen können, dass ich schon wieder eine Bergetappe fahren musste. Elend lang verlief die Straße den Berg hinauf. Selbst bei der Abfahrt trat ich wie ein Bekloppter in die Pedale, um noch rechtzeitig anzukommen.

Um 9:25 Uhr kam ich dann tatsächlich noch rechtzeitig an und konnte meine Verwunderung kaum verbergen, als ich die angeschriebenen Abfahrtszeiten der Schiffe lass: Das letzte Schiff wäre gestern noch um 18:10 Uhr gefahren. Hätte ich locker geschafft und das erste Schiff heute Morgen fuhr erst um 10:15 Uhr. Ich möchte jetzt an dieser Stelle nicht 1:1 zum Ausdruck bringen, was ich in diesem Moment gedacht und geschimpft hatte.

Während ich auf das Schiff wartete, kam ein weiterer Tourenfahrer am Schiffsanleger an. Er war voll ausgerüstet mit Satteltaschen und sogar am Vorderrad waren noch weitere Taschen befestigt. Es war der einzige echte Tourenfahrer, der mit mir an Board des Schiffes ging, was nicht heißt, dass wir die einzigen Fahrgäste waren. Eine ganze Reihe großmäuliger Rentner mit Fahrrädern waren ebenfalls dabei. Sie hatten heute vor sage und schreibe 35 km Fahrrad zu fahren. Auch eine große Reisegruppe aus den USA war außerdem noch an Board.

Um 10:45 Uhr legte das Schiff nach einer wirklich imposanten Fahrt durch den Donaudurchbruch in Kelheim an. Ich verabschiedete mich von dem anderen Tourenfahrer. Er hatte zwar den gleichen Weg bis Passau, wollte aber auf dem nördlichen Ufer fahren. Laut meiner Karte war dies aber wieder ein Schotterweg und ich bevorzugte das südliche Ufer, obwohl ich hier direkt an der Landstraße fahren musste. Lieber Asphalt als Schotter. An einer Tankstelle konnte ich so auch wieder ein paar Getränke einkaufen.

In Bad Abbach traf ich einen jungen, total planlosen, aber netten Radfahrer. Er wollte aber gerade Pause machen und ich radelte weiter. Endlich sah man gescheite Schiffe auf der Donau fahren. In Kelheim traf der Rhein-Main-Donau-Kanal durch das Altmühltal dazu. In Matting beggnete ich den Tourenfahrer vom Schiff wieder. Da ich gerade Getränke umfüllte, fuhr er aber weiter. Wieder fuhr er auf Schotter, während ich die Landstraße, die parallel zum Radweg verläuft bevorzugte.

Plötzlich unter einer Autobahnbrücke, mitten in der Botanik, sah ich das Ortseingangsschild von Regensburg. Auch hier machte ich kurz halt, um etwas zu trinken und die Beine auszuschütteln. Als ich gerade weiterfahren wollte, sah ich den jungen, planlosen Radfahrer ankommen. Wir unterhielten uns und es stellte sich heraus, dass er in Regensburg wohnte und seine Tour bereits zu Ende war. Schade, er war sehr nett und hatte auch Freude am Radfahren gefunden. Er brauchte aber schon wieder eine Pause und ich fuhr nach einer kurzen Verabschiedung weiter auf dem Radweg nach Regensburg.

Der Radweg war hier sehr gut beschildert und obwohl es auf dem nördlichen Ufer durch Wohngegenden kreuz und quer ging, verfuhr ich mich kein einziges Mal. Nun war ich wieder aus Regensburg heraus und hatte Hunger. Leider hatte ich keine Imbissbude in Regensburg in der Nähe des Radweges gefunden. Es war schon kurz vor zwei und ich hatte die verlorene Zeit wieder eingeholt.

An der Walhalla hielt ich kurz an um ein Foto zu machen, als ein Tourenfahrer grüßend an mir vorbei sauste. Den hatte ich schon mal irgendwo gesehen. Ich dachte nicht lange nach und fuhr ihm hinterher. Er war recht schnell, doch ich holte ihn ein. Es war der Ungar, dem ich am Abend vorher in Bad Gögging den Campingplatz gezeigt hatte. Er freute sich mich zu sehen und wir plauderten beim Fahren. Er war Landschaftsarchitekt und hatte in Mannheim gearbeitet. Nun war er wieder auf dem Weg nach Hause - mit dem Fahrrad. Wir fuhren rund 15 km zusammen, als sich mein Magen immer lauter meldete. Die Uhrzeit zeigte

14:30 Uhr und nach 70 km machte ich endlich Mittagspause. Wir verabschiedeten uns.

In einer urigen Dorfwirtschaft bestellte ich für 3,40 Euro einen Wurstsalat, den ich aufgrund der Größe fast nicht aufessen konnte und das will was heißen...

Um 15:00 Uhr fuhr ich mit einem extremen Völlegefühl weiter. Ich gammelte jetzt nur herum und kam nur langsam vorwärts. Fast erschreckte ich mich, als mich der junge Radler vom Schiff wieder überholte. Er hatte ausgiebig in Regensburg Pause gemacht und war nun auf den letzten Kilometern bis zum Campingplatz in Straubing. Wir fuhren mit sehr hohem Tempo die letzten rund 20 km Richtung Straubing. Zwischendurch mussten wir noch einen kräftigen Regenschauer überstehen, bis wir uns vor Straubing (liegt auf dem südlichen Ufer) verabschiedeten. Mit ihm kam ich also nochmals richtig auf Kilometer nach der opulenten Mahlzeit. Nun ging es mir wieder gut und ich wollte noch rund 20 km heute weiterfahren.

Aber nach nur 4 weiteren Kilometern in der Hitze machte ich Rast unter einer Brücke. Das schnelle Tempo hatte mich doch mehr geschafft, als ich mir eingestehen wollte. Auf meinem Tacho stand schon wieder 100 km. Ich radelte in das nächste Dorf und beim ersten Hotel fragte ich gleich nach einem Zimmer. Von außen machte das Hotel mit einem großen Biergarten einen gepflegten Eindruck. Ich war in Reibersdorf und blieb hier über Nacht. In meinem Zimmer, wieder Dachgeschoss, war wohl schon mal jemand auf Mückenjagd. Überall an den weißen Wänden waren die Reste totgeschlagener Mücken und

Fliegen. Das Dachfenster machte ich zu und wollte es erst nach Einbruch der Dunkelheit wieder öffnen. Diesmal hatte ich nachts meine Ruhe.

Kilometer heute: 100 km; Kilometer insgesamt: 505 km; Fahrzeit: 5:10 Std.; Schnitt: 19,4 km/h

6. Tag von Reibersdorf nach Oberzell

Heute wollte ich Passau erreichen. Ich war mit meinen Eltern heute Abend in Passau verabredet, die mit meinem Auto und den Fahrrädern im Kofferraum kommen sollten. Mein Vater wollte mich dann bis Wien auf dem Fahrrad begleiten.

Ich wachte bereits um 7:00 Uhr auf und fuhr schon gegen 8:00 Uhr los. Schnell ging es vorwärts. In den frühen Morgenstunden war es immer leichter zu fahren, da die Temperaturen noch nicht so hoch waren und man den Radweg noch für sich alleine hatte, bevor die Tagestouristen unterwegs waren. Seit heute tat mir der Hintern weh. Ich hatte zuhause schon angerufen und Mückenspray bestellt. Nun fügte ich meiner Bestellung per Anruf auch noch eine Wundcreme hinzu. - Toller Service.

Leider war die Strecke heute erstmal extrem langweilig. Ich radelte überwiegend unterhalb vom Damm und sah links nur Felder und Wiesen soweit das Auge reichte. Immer wieder ging es den Damm hoch und dann wieder herunter. Erst vor Deggendorf, ich hatte gerade erst Rast an einer Tankstelle gemacht, wurde es spannender, da ich den Radweg verpasst hatte. Der Weg wurde immer schlechter, der Schotter dafür gröber, und ich war fast direkt im Wasser.

Plötzlich hörte der Weg ganz auf. Ich fuhr einige Meter in eine Wiese, als vor mir unerwartet ein Bauzaun stand. Ca. 50 Meter weiter sah ich einen weiteren Bauzaun und eine Straße dahinter. Hier wurde gerade eine neue Brücke über die Donau gebaut. Ich öffnete den Bauzaun und fuhr die 50 Meter bis zur anderen Seite. Auch hier öffnete ich den Bauzaun und war hindurch, ohne einen Anschiss zu bekommen.

Ich landete nach wenigen Metern direkt im Stadtgarten an der Uferpromenade. Nach ein paar Kurven kam ich auch wieder auf den offiziellen Donauradweg, der hier ein paar hundert Meter entfernt vom Ufer entlang der Hauptstraße führte.

Ich war gerade aus Deggendorf heraus, als der Radweg über einen unbeschrankten Bahnübergang führte. Direkt dahinter war ein kleiner Imbiss mit ein paar Bierbänken davor. Ein alter Mann trank sein Bier und wenn der das kann, dann konnte ich hier auch Frühschoppen machen. 20 Minuten Pause gab ich mir nach den ersten 40 km heute.

Wieder wurde der Radweg langweilig. Diesmal ging es entlang der Autobahn und des Damms geradeaus. Vor Winzer wechselte ich auf die Landstraße und ab Hofkirchen begleitete auch der Radweg die Straße parallel. Ich wollte mich gerade mit einer Neuseeländischen Familie unterhalten, als die Frau in der Gruppe einen Defekt bekam. Da ich sowieso nicht helfen konnte, fuhr ich weiter. Inzwischen hatte ich Vilshofen, die letzte größere Stadt vor Passau am südlichen Ufer gelegen, hinter mir gelassen. Direkt am Ufer lag hier der Flugplatz, den ich umkurven musste.

Nach ein paar weitern Kilometern machte ich Pause an einem Biergarten direkt am Radweg. Das war das Schöne an Bayern. Es gab immer irgendwo einen Biergarten. Nun war es 13:30 Uhr und ich hatte heute schon 80 km geschafft. Ich konnte Passau praktisch schon riechen.

Nach einer halben Stunde radelte ich weiter. Wieder hatte ich das Tempo reduziert, da ich sehr früh dran war und nicht auf der Flucht. Kurz vor Passau wurde ich wieder von dem jungen Radler überholt, mit dem ich auch gestern schon die letzten Kilometer bis Straubing gefahren war.

Für ihn endete in Passau die Tour. Er war auch schon seit Donaueschingen unterwegs und hatte gegenüber seiner Planung bereits einen Tag herausgefahren. Wir beschlossen in Passau zusammen einen Kaffee zu trinken.

Ich hatte mittlerweile Obernzell, ca. 17 km hinter Passau, als Etappenziel auserkoren und meine Eltern dorthin bestellt.

Mit Nils, so heiß der junge Radler, setzte ich mich direkt in einem Kaffee am Schiffsanleger hin. Sein Zug würde erst übermorgen zurück nach Herford fahren und er wusste nicht, was er den ganzen nächsten Tag anstellen sollte. Ich überredete ihn mit mir die nächsten 17 km zu fahren und auf den neben Obernzell gelegenen Campingplatz zu übernachten. Nachdem ich ihm die Karte gezeigt hatte, wollte er noch die Schlögener Schlinge fahren und dann nach Passau zurückkehren.

Um 15:30 Uhr gingen wir die letzten Kilometer wieder in für mich viel zu schnellem Tempo an. Wie in einer Zeitschleife kam ich mir vor, als plötzlich auf der linken Seite ein „ZF-Werk" war und kurz darauf ein Ortsschild „Lindau" kam. Hatte ich mich verfahren? War ich immer noch daheim am Bodensee?

Nils war der erste Tourenfahrer, den ich kennengelernt hatte, der schneller als ich unterwegs war. Allerdings machte er längere Pausen und kam so am Ende des Tages auf ähnliche Kilometerzahlen wie ich. Überhaupt bezeichnete er mich als „Kilometerfresser" - Vielleicht hatte er ja damit sogar Recht. Eine 100 km-Zahl hatte ich abends gerne auf dem Tacho gesehen.

In Obernzell verabschiedeten wir uns. An einer Tankstelle kaufte ich mir noch zwei Schokoriegel und fragte nach dem Weg zum Hotel. Da meine Kette immer lauter quietschte, ging ich gerade noch auf der anderen Straßenseite in ein Fahrradgeschäft und lies die Kette für einen ganzen Euro neu einfetten.

Es hatte wieder angefangen zu regnen und ich wurde auf den letzten Metern bis zum Hotel doch noch nass. Ich hatte bei Familie Jell für drei Personen Zimmer klar gemacht. Erst vor dem „Hotel" musste ich feststellen, dass es sich um ein Privathaus handelte. Eine ältere Frau, Frau Jell, zeigte mir die großen und sehr sauberen Zimmer. Sie war etwas verwundert, dass ich anscheinend alleine für drei Personen reserviert hatte. Erst als ich ihr sagte, dass meine Eltern gerade erst am Bodensee losgefahren waren, verstand sie es.

Leider war im Zimmer kein Fernseher und im Aufenthaltsraum waren die Bänke sehr unbequem. Egal, wenigstens konnte ich hier Nachrichten und anderes im Fernsehen sehen.

Da es sich eingeregnet hatte, war es ausgeschlossen noch mal in das Dorf zu fahren, um irgendwo etwas zu essen zu finden. Zum Glück hatte meine Mutter an Abendessen gedacht und ich bekam nach deren Ankunft um 21:30 Uhr noch ein Frikadellenbrötchen.

Kilometer heute: 112 km; Kilometer insgesamt: 616 km; Fahrzeit: 5:44 Std.; Schnitt: 19,5 km/h

7. Tag von Oberzell nach Mittenkirchen

Es hatte gerade aufgehört zu regnen, als ich mit meinem Vater die nächste Etappe angehen wollte. Pünktlich wie vereinbart (!) fuhren wir um 8:30 Uhr los. Die ersten Kilometer kamen wir schnell vorwärts. Die Wege waren teilweise noch nass vom Regen in der Nacht. Bis zur Schlögener Schlinge waren es rund 25 km und wir jagten dorthin. In Au hatten wir die Qual der Wahl. Die erste Fähre fuhr direkt als Querfähre an das gegenüber liegende Ufer. Aber eigentlich wollten wir aber ein paar Kilometer durch die Donauschlinge auf der Fähre zurücklegen. Wir nahmen also die nächste Fähre. Als wir am Anleger ankamen war aber keine Fähre da. Am anderen Ufer sahen wir sie und sie kam herüber. Da es noch dauern konnte, bis die Fähre ankam, die bis Inzell fahren sollte, entschieden wir uns kurzerhand für die Querfähre.

Zu dem Begriff Fähre musste man allerdings sagen, dass wir hier nicht von einem Schiff sprachen, sondern von einem Holzfloß, auf dem eine Gartenhütte geschraubt war und einen

Außenbordmotor hatte. Egal, dafür kostete die Überfahrt nur 1,50 €.

Von meiner Mutter hatte ich noch auf der Fähre einen Anruf bekommen, dass Sie an der Fähre Obermühl mit dem Auto auf uns wartete. Hier wollten wir Rast machen. Da wir die 2,5 km bis Inzell nun doch mit dem Fahrrad fuhren, konnten wir schneller vorwärtskommen, als mit der Fähre. Bis zur Fähre Obermühl waren es aber noch weitere 5 km, die wir wieder in gewohnt hohem Tempo zurücklegten. Die Radwege waren hier sehr gut ausgebaut und asphaltiert.

Leider haben wir Pech mit der Fähre, die uns gerade vor der Nase abfuhr. Wir konnten mein Auto mit Mutter auf der anderen Seite sehen und als sie mich anrief auch mit ihr sprechen. Wir vereinbarten, dass die Frühstückspause ausfallen würde und wir uns in Niederottensheim zum Mittagessen treffen könnten. Dorthin waren es noch einige Kilometer, doch mit dem Rennrad von meinem Vater hatte ich einen tollen Tempomacher und Ansporn hinter mir.

Überhaupt war das Rennrad von meinem Vater eine tolle Sache. Durch die schmalen Reifen hatte es wesentlich weniger Rollwiderstand. Insbesondere bergab rollte er mir trotz meiner größeren Nutzlast davon. Auch war sein Rad viel leichter als mein „Mountainbike". Dazu kam wohl eine eingebaute Aggressivität, die sich darin äußerte, dass jedes Mal, wenn uns Rennradfahrer überholten, sein Fahrrad gefühlt einen Sprung nach vorne machte.

Am Sperrwerk kurz vor Aschach warteten wir einen kurzen Regen unter einem Vordach ab, bevor wir auch hier weiterfuhren. In Aschach wollten wir wieder auf die nördliche Seite wechseln, doch wir fanden die Auffahrt auf die Brücke nicht gleich und nach einem kurzen Blick auf die Karte radelten wir eben auf der südlichen Seite weiter.

Neben uns probiert ein Ausflugsschiff an uns vorbei zu kommen. Da wir aber mit knapp 30 km/h unterwegs waren, schafft das Schiff es nicht. Die Passagiere johlten uns zu. Wir hatten inzwischen neben dem nahen Mittagessen auch einen weiteren Grund Tempo zu machen. Hinter uns waren schwarze Wolken aufgezogen und wir konnten in den etwas entfernteren Hügeln bereits sehen, wie es regnete.

Kurz vor Ottensheim hielten wir dann doch vor der Staustufe an, um das Wetter an uns vorbeiziehen zu lassen. Wir bekamen nur ein paar wenige Tropfen ab, sahen aber, wie in Ottensheim ein kräftiger Regenguss abging. Nach ca. 15 Minuten, das Wetter hatte sich wieder verzogen, fuhren wir weiter zur Fähre auf das nördliche Ufer.

Hier sahen wir zum ersten Mal eine so genannte Rollfähre. Die Fähre war an einem Stahlseil, welches über die Donau gespannt war, befestigt und konnte nur durch Ruderlegen aufgrund der Strömung auf die andere Uferseite üebrsetzen.

Wir schafften die letzten Meter und wurden von meiner Mutter bereits vor unserem Mittagslokal erwartet. Nach 70 km hatten wir uns jetzt um 13:00 Uhr allemal ein Mittagessen verdient. Wir machten eine ganze Stunde Mittagspause, da es draußen wieder stark zu regnen begonnen hatte.

Doch irgendwann mussten wir dann doch weiter. Wir zogen uns noch die Regenjacken an und düsten weiter. Es hatte zwar aufgehört zu regnen, doch da wir jetzt entlang der Landstraße in Richtung Linz fuhren, bekamen wir die Gischt der entgegenkommenden Autos ab.

In Linz angekommen blieben wir auf dem nördlichen Ufer und fuhren gar nicht erst in die Stadt hinein. Unter der Einfahrtsbrücke hielten wir kurz an, um unsere Regenjacken wieder auszuziehen. Es war wieder warm und sonnig. Ein Schiff, welches stromaufwärts fuhr, kämpft zentimeterweise gegen die starke Hochwasserströmung an. Langsam ließen meine Kräfte nach. Immerhin hatte ich kein ideales Fahrrad für hohes Tempo, doch ich wollte mit meinem Vater und seinem Rennrad trotzdem mithalten.

In Abwinden entschieden wir uns spontan zu einer kurzen Pause in einem Biergarten (oder wie die Österreicher das auch nennen mögen).

Wir hatten schon 95 km auf dem Tacho und stellten fest, dass dies wohl die längste Etappe der bisherigen Donautour werden würde. Der Radweg verlief nun etwas im Hinterland und erst in Mauthausen kamen wir nach chaotischer Streckenführung wieder an die Donau zurück.

Wieder wurden wir von einem kurzen, aber kräftigen Regenguss überrascht. Da wir keine Möglichkeit hatten uns irgendwo unter zu stellen, rasten wir mit Höchstgeschwindigkeit weiter. Diesmal sorgte ich für das Tempo und mein Vater musste sich stecken, um an mir dran zu bleiben.

Das mit meiner Mutter verabredete Tagesziel war Mittenkirchen. Ich wartete schon die ganze Zeit auf den Anruf meiner Mutter, dass sie uns ein Hotel klar gemacht hatte. Leider erfuhr ich nach einem Anruf bei ihr, dass sie noch immer in Linz feststeckte. Also buchte ich ein Hotel für drei Personen an einer wunderbaren Infostelle direkt am Radweg. Wir bekamen ein schönes Hotel im 2 km entfernten Mittenkirchen.

Nachdem wir eingecheckt hatten, war meine Mutter mit dem Auto immer noch nicht da. Erst mit 45 Minuten Verspätung kam sie schließlich an. Wohlgemerkt: wir waren gleichzeitig nach dem Mittagessen losgefahren. Nein, wir wollten nicht meckern, - aber lästern war ja wohl erlaubt! - Morgen wollten wir ihr Vorsprung geben.

Kilometer heute: 125 km; Kilometer insgesamt: 742 km; Fahrzeit: 5:58 Std.; Schnitt: 21,0 km/h

8. Tag von Mittenkirchen nach Gemeinlebarn
Abfahrt 8:45 Uhr. Heute hatten wir ein tolles Zimmer. Ich hatte eine vollwertige Ferienwohnung und das für nur 28,50 Euro die Nacht. Unser erster Weg führte zur Tankstelle, da meine Mutter nicht alleine tanken konnte (oder Vater?) oder wollte.

Auf der Landstraße ging es nun in Richtung Donau zurück. Meine Mutter hatte heute das große Los gezogen. Mit meinem Auto fuhr sie ohne Zeitdruck (na ja, nach gestern wohl nicht ganz ohne Druck) durch die Gegend.

In Grein trafen wir wieder auf den Fluss. Wir müssten nun für 18 km auf der Landstraße bis Kalkgrub fahren. Erst hier ging es wieder auf dem

Radweg weiter, der überwiegend auf dem „Treppelweg" (in Deutschland „Treidelpfad") führte. Meine Mutter wartete immer wieder am Rand und machte ein paar schöne Fotos. Im Nachhinein beklagte sich mein Vater, dass er auf den Bildern immer hinter mir war. Aber das war halt tatsächlich so. Ich hatte die Karte und bot den Windschatten...

Wir erreichten Persenbeug. Um den Bogen den die Donau hier machte nicht ausfahren zu müssen, kürzten wir etwas ab und sparten uns ca. 4 km.

In Marbach war laut meiner Karte eine Fahrradwerkstatt. Wir hatten meine Mutter vorausgeschickt, um diese zu suchen. Mein Tretlager war locker und ich wollte es festziehen lassen. Nach insgesamt 45 km am heutigen Tag erreichten wir Marbach und ich ließ von einem Kurpfuscher mein Tretlager in 20 Minuten festziehen. Nach der Zahlung von 25 Euro (Wucher für diesen Anfänger) radelten wir weiter.

An einer Imbissbude in Emmersdorf, gegenüber von Melk, machten wir Mittagspause. Wir standen am Anfang der Wachau. Es wurde nun hügeliger. Die Wachau war meines Erachtens mit dem Rhein zwischen Bingen und Koblenz, bloß mit weniger Burgen, zu vergleichen. An den Hängen wurde Wein angebaut und der Radweg führte durch enge Dorfgassen. Wir waren etwas oberhalb der Donau und kamen auf Spitz zu. Hier war wieder ein Treffpunkt mit meiner Mutter vereinbart.

Sie saß an der Fähre und hatte im Radio gehört, dass der Weg am nördlichen Ufer wegen Felsrutsch gesperrt war. Wir nahmen daraufhin die Rollfähre und setzten an das südliche Ufer über.

Wir verabredeten uns an einer Brücke kurz vor Krems, um zu entscheiden, ob wir heute noch weiterfahren oder uns ein Hotel suchen sollten.

Heute war mein Vater nicht so gut drauf und auf dem Teilstück an der Landstraße fuhr ich wieder wie gewohnt voraus und hielt das Tempo hoch, ohne dass sein Vorderreifen an meinem Hinterreifen drängeln konnte. In der Regel war auf gerader Strecke sein Abstand zu mir unter einem Meter.

In Stein, an unserem Treffpunkt nach 95 km, wartete meine Mutter schon auf uns. Wir machten kurz Pause und entschlossen uns nochmals ca. 20 km zu fahren. Meine Mutter sollte in Traismauer am südlichen Donauufer ein Hotel suchen. Mein Vater und ich fuhren also wieder zurück über die Brücke auf die südliche Seite. Der Weg führte nun auf dem Damm entlang. Wir waren beide nun kaputt und gammelten nur so herum. Es war eintönig und langweilig, da es nur geradeaus zu gehen schien.

Endlich, auf Höhe von Traismauer, mussten wir nur noch ca. 3 km ins Landesinneren fahren. Meine Mutter wartete an der Informationsstelle am Ortseingang. Sie hatte ein Hotel in Gemeinlebarn gefunden. Nochmals 5 km weiter – Verdammt! Dafür war das Hotel annehmbar und die Getränke kühl und reichlich vorhanden.

Viel besser war aber noch ein Straßenschild vor dem Hotel, auf dem stand, dass es noch 49 km bis Wien waren.

Kilometer heute: 122 km; Kilometer insgesamt: 864 km; Fahrzeit: 6:03 Std.; Schnitt: 20,2 km/h

9. Tag von Gemeinlebarn nach Wien

Heute würden wir ankommen. Um 9:00 Uhr fuhren wir heute auf der Landstraße los. Leider bog ich zu früh wieder in Richtung Donau ab, als ich ein Hinweisschild mit Donaukraftwerk Altenwörth sah. Hierdurch fuhren wir einen Umweg von ca. 8 km.

Die Wege waren teilweise noch vom Hochwasser versandet. Es war wieder ziemlich eintönig bis zum Werk „Donau-Chemie". Hier verfuhren wir uns abermals und machten eine Schleife über den Werksparkplatz. Wie sollte man auch sonst auf ordentlich Kilometerleistung kommen, wenn man sich nicht regelmäßig verfuhr?

Unser Ziel für den Frühschoppen war ein kleiner Yachthafen hinter Tulln in Muckendorf. Doch dort hinzukommen war nicht so einfach. In Tulln war der Radweg wegen Brückenbauarbeiten gesperrt. Anfangs war die Umleitung auch prima ausgeschildert, doch die Schilder endeten irgendwo in der Stadt und wir hatten uns schon wieder verfahren. Erst ein Straßenarbeiter schickte uns wieder in die richtige Richtung und so kamen wir erst nach 40 km (geplant waren 25 km) in Muckendorf zur Rast an.

Das Wetter war heute kühl und windig. Allerdings hatten wir auch die letzten Tage schon das Glück den Wind von hinten zu bekommen.

Über die Staustufe Greifenstein radelten wir nach dem Frühschoppen nochmals zum nördlichen Donauufer hinüber. Jetzt machten wir ordentlich

Tempo und sahen auch schon bald die ersten Hochhäuser Wiens. - Das Ziel war nahe -.

Wir fuhren auf die Donauinsel. Wie gestern Abend im Hotel auf der Stadtkarte von Wien geplant, bogen wir an der 4. Autobrücke (Reichsbrücke) rechts in Richtung Prater ein.

Nun waren es nur noch ein paar Kilometer und Fußgängerampeln geradeaus, bis wir direkt vor dem Wiener Riesenrad am Prater standen. Die Uhr zeigte 13:30 Uhr. Geschafft!

Kilometer heute: 72 km; Kilometer insgesamt: 937 km; Fahrzeit: 3:44 Std.; Schnitt: 19,3 km/h

Epilog
Nachdem die obligatorischen Fotos geschossen waren, wartete mein Auto in einem Parkhaus in der Nähe auf uns. Kurz umgezogen und die Fahrräder verstaut, wollten wir noch eine Runde über den Prater gehen. Meine Mutter und ich trauten uns auch mit dem Riesenrad zu fahren.

Die Euphorie, die ich letztes Jahr auf der Rhein-Tour verspürte, hatte ich dieses Jahr vermisst. Doch jetzt kam doch der Stolz bei mir durch, dass ich wieder mein Ziel erreicht hatte. Außerdem war ich genau in meinem vorab gesteckten Plan geblieben und hatte mein Ziel auf die Stunde genau erreicht.

Besonders gefreut hatte mich auch der Anruf von meinem Fahrradcoach Hubert, der mir auch gleich unseren Bürgermeister ans Telefon gab. Fahrradfahren verbindet eben. Ich hatte doch mit Hubert, einem Freund und unserem Bürgermeister eine 50 Kilometer lange Trainingstour vor kurzem noch gefahren.

Da wir nicht in Wien ein Hotel nehmen wollten, fuhren wir mit dem Auto ca. 20 km Stadt auswärts am südlichen Ufer zurück und fanden in Höflein ein kleines Hotel, in dem wir zwei Übernachtungen buchten. Morgen war Wien angesagt. Wir wollten im Hotel Sacher eine Sachertorte essen, beim Figlmüller ein original Wiener Schnitzel probieren und die anderen im Vergleich unwichtigen Sehenswürdigkeiten anschauen. Erst nach der zweiten Nacht im Hotel in Höflein ging es dann mit einem Abstecher über Passau zurück nach Hause.

Moseltour 2010 (Trainingstour)

Von Trier nach Koblenz

Anreise
Mit neuem Fahrrad war in diesem Jahr als erstes die Moseltour angesagt. Da mein Vater zu meiner diesjährigen großen Tour von Kiel nach Prag nicht mitfahren konnte, hatten wir uns kurzerhand entschlossen die Mosel zusammen zu radeln.

Bereits am Mittwochmittag schlossen wir unser Büro, um die rund 450 Kilometer nach Trier mit dem Auto zurück zu legen. Meine Mutter wurde pünktlich um 12:00 Uhr bei Ihrer Arbeitsstelle abgeholt, so dass wir schnell loskonnten.

Auf dem Autobahnparkplatz „Dannberg" in der Nähe von Speyer während eines Tankstops buchte ich ein vorab im Internet ausgesuchtes Hotel in Trier. Ohne irgendwelche Staus oder Verzögerungen erreichten wir dank „Handy-Navi" Trier um ca. 17:30 Uhr und checkten im Hotel ein.

Bei herrlichem Wetter, zuhause regnete es, konnten wir die Innenstadt von Trier besichtigen. Unser Hotel lag nur einen Steinwurf von der „Porta Nigra" entfernt und so hatten wir es nicht weit in die Fußgängerzone. Da meine Eltern Bekannte in Trier hatten und diese günstiger weise in der Innenstadt wohnten, wollten sie eine Grußbotschaft in den Briefkasten werfen. Doch wie es der Zufall wollte, trafen wir die Bekanntschaft aus Frankreich direkt vor deren Haustüre. Leider waren sie in Eile und wir konnten nur kurz ein paar Worte wechseln. So setzten wir unseren Stadtbummel fort.

Nachdem wir uns den Dom von außen angesehen hatten, war es Zeit für ein Abendessen. Hierfür suchten wir eine kleine Nebengasse auf, um abseits vom Trubel etwas zu essen. Aus einer Kneipe drang Livemusik auf die Straße, die meinen Vater natürlich magisch anzog. Doch genauso schnell war sein Interesse verloren, als er genauer hinhörte und seine kostbare Urlaubszeit nicht mit „Amateuren" verplempern wollte.

Nebenan war eine österreichische Kneipe, die „Wiener Schnitzel" anbot, wie meine Mutter irgendwo gelesen hatte. Wir nahmen Platz und wollten auch diese Schnitzel bestellen. Leider waren die erst am nächsten Tag erhältlich und so bestellten wir alle drei Wienerle mit Kartoffelsalat.

Es war zwar noch warm, aber ein kühler Wind im Nacken war nicht unbedingt gesundheitsfördernd. Nachdem wir noch ein Trierer Bier probiert hatten, zog es uns weiter durch die Innenstadt. Und so landeten wir, wie könnte es auch anders sein, wieder direkt an einer Bar direkt an der „Porta Nigra" und tranken erneut ein paar Bier.

Zurück im Hotel setzten wir uns noch eine Weile in die Hotellobby und plünderten die Alkoholvorräte des dort aufgestellten Spirituosenautomats. Da unser 3-Bett-Zimmer nur einen kleinen Fernseher hatte, eilte ich als erster aufs Zimmer und konnte fortan das Fernsehprogramm bestimmen. Als auch meine Eltern später aufs Zimmer kamen, war für sie der Abend gelaufen und für mich dem Geräusch nach das Sägewerk geöffnet.

1. Tag von Trier nach Bullay (Fronleichnam)

Heute war Feiertag und für uns sollte die Tour beginnen. Vorgenommen hatten wir uns mindestens 100 km für den heutigen Tag. Da meine Mutter mit meinem Auto uns begleitete, war immer dafür gesorgt, dass bei Pausen die besten Plätze ausgesucht waren und kühle Getränke bereitstanden (eine Utopie).

Als erstes war aber noch eine Fotosession an der Porta Nigra angesagt. Erst dann um kurz vor 9:00 Uhr machten wir uns auf den Weg. Gleich zu Beginn überquerten wir die Mosel, da auf der anderen Seite der Weg laut Karte besser war.

Wir waren noch nicht ganz von der Moselbrücke herunter, als uns schon die erste Überraschung begegnete. Ein Pärchen, bei dem SIE eine Fahrradjacke von Huberts Radvermietung an hatte, grüßte im Vorbeifahren. Leider war die Begegnung so schnell, dass wir keine Worte miteinander wechseln konnten.

Es ging auf den Radweg. Wir legten erst ein gemächliches Tempo an den Tag, da der starke Gegenwind, der uns den ganzen Tag begleiten sollte, ein schnelleres Tempo verhinderte. Auch der Radweg war nicht ohne. Auf den ersten Kilometern führte der Radweg noch durch die Hochwasserwiesen, bog dann aber bei Pfalzel erst in eine Wohngegend und dann in ein Industriegebiet ab. Nicht nur das die Luft hier stank, auch der Weg war mit Wurzeln durchzogen, die genau wie die ständigen Bordsteinkanten ein zügiges weiterkommen verhinderten. Erst kurz vor Schweich, fast 20 km lagen schon hinter uns, normalisierte sich die Lage.

Nachdem wir hier am Hafen vorbeikamen und unter der Autobahnbrücke durchfuhren, mussten wir das erste Mal heute einige Kilometer auf der Bundesstraße B53 zurücklegen. Doch schon in der nächsten Ortschaft (Mehring) wartete meine Mutter an der Promenade für einen kurzen Trinkstopp nach den ersten 30 km.

Da nun im weiteren Verlauf auf dem Radweg Schotter eingezeichnet und die einzige Brücke hier gesperrt war, fuhren wir wieder auf der Bundesstraße weiter. Wir hatten uns nach weiteren 15 km in Trittenheim zum Frühstück mit meiner Mutter verabredet. Da mein neues Fahrrad gegenüber meinem alten Fahrrad ein Quantensprung war, konnte ich fortan das Tempo machen und fuhr vorneweg. Mein Vater hatte teilweise sogar Mühe mit seinem Rennrad an mir dran zu bleiben. Mein Vorteil war natürlich, dass wir auf der gesamten Moseltour so gut wie keine nennenswerten Steigungen hatten. So rollten wir auch schon bald in Trittenheim ein und fanden auch gleich meine Mutter, die neben meinem Auto wartete und schon eine Frühstücksmöglichkeit ausgemacht hatte.

Frisch gestärkt ging es nach ca. 30 Minuten weiter. Unser nächstes Ziel für das Mittagessen war nach weiteren 20 km die Stadt Bernkastel-Kues. Auch hier blieben wir wieder bis weit hinter Piesport (der Ort heißt wirklich so!) auf der Bundesstraße. In Wintrich entschlossen wir uns dann wieder für den offiziellen Radweg. Um dorthin zu gelangen, mussten wir ca. 200 Meter zurückfahren und erlebten auf diesem kurzen Stück, wie schön doch Rückenwind ist. Obwohl zurückfahren für mich eigentlich in der Regel auf gar keinen Fall eine Option war.

Nun führte uns der Radweg vorbei an Weinbergen und Campingplätzen (das eine fast so oft wie das andere) entlang des Ufers. In Bernkastel-Kues schafften wir es gerade noch vor der Fronleichnamsprozession über die Brücke zu fahren. Meine Mutter wartete schon und lotste uns zu einem Dönerrestaurant. Da wir gut in der Zeit waren und schon weit mehr als die Hälfte der geplanten Kilometer hinter uns hatten (ca. 65 km), gönnten wir uns eine ausgeprägte Pause von 12:30 Uhr bis 13:30 Uhr.

Der Gegenwind zollte Tribut und in der Mittagshitze fiel es immer schwerer das Tempo zu halten, da vor allem andere (kopflose) Radfahrer zusammengeklingelt werden mussten. Auch die vielen Möglichkeiten zum Einkehren in den Dörfern am Rande des Radwegs luden immer wieder dazu ein, das ein oder andere Bier zu trinken.

Auf halbem Weg nach Traben-Trarbach, unserer nächsten geplanten Pause mit meiner Mutter, hielten wir nochmals nach rund 10 km, um ein paar Schritte zu laufen und etwas aus den mitgeschleppten Wasserflaschen zu trinken. Keine 10 Minuten dauerte der Halt und wirkte doch Wunder. Zum ersten Mal an diesem Tag kam aufgrund der Moselschleifen der Wind für ein paar Kilometer lang von hinten und wir fuhren mit hohem Tempo bis Traben-Trarbach.

Direkt am Ortseingang stand plötzlich ein Schild quer über den Radweg, dass dieser hier endet. Eine Familie, die kurz vor uns diese Stelle erreicht hatte, war wohl auch etwas verwirrt, so dass sie einfach auf der verbliebenen Furt stehen blieben. Um ein Haar wären mein Vater und ich vom Rad gestürzt. Doch 50 Meter weiter wartete bereits meine Mutter mit frisch eingekauften kühlen Getränken auf einem Parkplatz. Auch ein Eisverkäufer kam mit uns ins Geschäft.

Wir hatten wohl ca. 30 Minuten Pause gemacht, als wir zusammen das Tagesziel aushandelten. Wir wollten noch rund 25 km bis Bullay fahren. Laut Karte hatten wir nun ein längeres Stück relativ gerade aus gegen den Wind vor uns. Zusammen mit der Hitze und den zahllosen anderen Radfahrern war dies noch mal ein passender Abschluss für diese Tagesetappe.

Immer noch zwischen Weinbergen und Campingplätzen führte der seit längerer Zeit gut ausgebaute Radweg an der Mosel entlang. Erst kurz vor Zell war von einem Radweg im eigentlichen Sinne nicht mehr zu sprechen. Kurze, steile Rampen, dann Waldtrampelpfade und das Ganze noch mal von vorne. So zogen sich die letzten Kilometer hin.

In Zell wartete meine Mutter noch für einen letzten kleinen Stopp auf uns. Fast hätten wir sie wegen der ganzen Touristen übersehen, die hier die Straße säumten. Auf einer Bank am Ufer sitzend schauten wir den vorüberfahrenden Schiffen zu und tankten Kraft für die letzten 5 (!) km bis Bullay.

In Bullay verabredeten wir uns an der Fähre. Dort sollte meine Mutter uns aufnehmen. Leider klappte dies nicht so wie geplant. An der so genannten Fähre, es handelte sich um eine kleine Fußgängerfähre, war eine Sportveranstaltung und alle Parkplätze belegt. So fuhren mein Vater und ich zum Ortsausgang und telefonierten uns mit meiner Mutter zusammen. Nach kurzer Zeit war sie dann auch da und wir konnten die Fahrräder ins Auto verladen.

Um etwas Geld zu sparen war nun geplant mit dem Auto ins Hinterland zu fahren, um die teuren Hotelpreise zu vermeiden. Vis á vis von Bullay, in Alf, führte die Bundesstraße B49 Richtung Bad Bertrich. Laut meiner Internetsuche war hier ein günstiges Hotel. Doch als wir nach etlichen Kurven und Tunneln in Bad Bertrich ankamen, entpuppte es sich als ein Kurort, in dem mein Vater mit seinen 65 Jahren noch zu den jungen Hüpfern gezählt hätte.

Einem Schild für die nächste Ortschaft folgend fuhren wir aufs gerade Wohl einfach die Straße weiter. Was wir nicht wissen konnten war, dass dieser Ziegenpfad (Straße 3. Ordnung) uns in die Botanik führte. Keine Menschenseele und Zivilisationsspuren weit und breit. Erst nach langer Zeit kamen ein paar Häuser in Sicht. Aber ein Hotel war nicht dabei und so fuhren wir den Weg weiter. Ungeachtet meines völlig entnervten Vaters kamen wir dann wunderbarer weise doch noch irgendwann an eine Bundesstraße. Es war wieder die B49 der wir bis Reil folgten. Dort hatten wir Glück und schon das zweite Hotel in dem wir fragten, wir schickten meine Mutter voraus, da sie die Einzige war, die nicht vom Fahrradfahren verschwitzt war, hatte für uns Zimmer frei.

Weinhaus Nalbach hieß unser Hotel und machte einen guten und gepflegten Eindruck. Auf der Terrasse konnten wir gut zu Abend essen und uns auch noch ein paar Bier schmecken lassen.

Kilometer heute: 117 km; tatsächliche Fahrzeit: 5:42 Stunden; Schnitt 20,5 km/h

2. Tag von Bullay bis Koblenz

Laut meinem Kartenbuch lagen noch rund 70 Kilometer vor uns. Aber erfahrungsgemäß darf man diesen Angaben nie vertrauen. Nach einem guten Frühstück setzten wir uns wieder ins Auto, um nach Bullay an die Stelle zu fahren, an der wir gestern aufgehört hatten. In Zell holten wir noch für mich ein Erkältungsmittel in einer Apotheke, da ich mich wohl doch in Trier verkühlt hatte. Aber das vorweg – er behinderte mich überhaupt nicht.

Um ca. 9:20 Uhr kamen wir endlich wieder los. Mit meiner Mutter hatten wir uns für einen Frühstückshalt nach ca. 30 km in Cochem verabredet. Heute legten wir ein hohes Tempo vor. Mein Vater hatte immer wieder Mühe an mir dran zu bleiben. Alles in allem muss man sagen, dass wir die Tour nicht zusammen, sondern kurz hintereinander gefahren sind. Waren es letztes Jahr mit meinem alten Fahrrad immer so 50-100 Zentimeter Abstand, waren auf dieser Tour 50-100 Meter Abstand zwischen uns.

Der Radweg zog sich parallel zur Bundesstraße B49 direkt am Moselufer entlang. Ein glatter Asphalt ermöglichte hohe Geschwindigkeiten für uns. Früher als verabredet stand dann meine Mutter nach ca. 20 km an der Strecke und reichte uns frisch gekaufte kühle Getränke. Wir hatten sie überrascht, dass wir so schnell vorangekommen waren. Sie wollte uns eigentlich schon eine Ortschaft früher die Getränke reichen.

Nach 5 Minuten ging es weiter. Auch heute würde es ein heißer Tag werden. Zu unserem Glück war es heute so gut wie windstill. Auf dem Weg nach Cochem nahm aber bereits der Verkehr durch andere Radfahrer zu und meine Klingel am Fahrrad begann zu glühen.

In Cochem erwartete uns meine Mutter wieder und dirigierte uns direkt zu einem Bäckerei-Cafe, in dem wir unseren Morgensnack einnehmen konnten. Nach einer guten halben Stunde fuhren wir dann weiter.

In Hatzenport wollten wir uns zum Mittag treffen. Laut Karte führte der Radweg nun durchgehend direkt an der Bundesstraße entlang. Nicht sonderlich schön zu fahren, da immer wieder Autos und LKWs vorbeifuhren, aber dafür war es schnell.

Direkt am Ortseingang von Hatzenport wartete Mutter bereits auf uns mit einem Jogger (?!). Wir wurden von diesem Jogger über eine Straße – nein, das wäre eine Beleidigung für jeden Trampelpfad – es war vielmehr eine Anhäufung von Steinen in Beton gepresst, die auf eine Insel in der Mosel führten. Auf dem Campingplatzrestaurant konnten wir unter 5 Gerichten auswählen. Wir entschieden uns alle drei für das teuerste Menü: Eine Tüten-Gulaschsuppe für 3 Euro.

Heute wurde es extrem heiß und wir genossen es uns unter dem Sonnenschirm, der an unserem Tisch stand, im Schatten auszuruhen. Bis jetzt hatten wir einen Schnitt von sage und schreibe 23,5 km/h auf den ersten 50 Kilometern herausgefahren. Da wir nun laut Karte nur noch

27,5 km vor uns hatten (man bemerke jetzt schon die Differenz von der Planung heute Morgen) wollten wir den Rest gemütlich angehen.

Nach 20 Kilometern in Winningen planten wir einen letzten Stopp zum Cafe trinken und schickten meine Mutter wieder voraus. Diesmal fuhren wir nur noch um die 20 km/h und genossen die Landschaft, den Fluss und das gute Wetter. Der eigentliche Fahrradweg führte oberhalb der parallel verlaufenden Bahngleise, jenseits der Bundesstraße, doch wir blieben auf der Straße.

Fast unterhalb der imposanten Autobahnbrücke, auf der wir heute noch den Heimweg antreten würden, wartet meine Mutter bereits wieder auf uns und gab uns zwei Alternativen für eine Pause. Da wir heute bereits auf einem Campingplatz zu Mittag gegessen hatten, entschieden wir uns jetzt auch im Sinne meines Vaters für den Yachthafen Winningen.

Ausgiebige pausierten wir hier im Schatten und schauten auf das Treiben im Hafen. Das Bier war kühl, das Eis war lecker und die Tour bald geschafft.

Für die restlichen ca. 10 Kilometer schickten wir meine Mutter voraus, da sie es sicherlich nicht so leicht haben würde einen Parkplatz im Ziel, am Deutschen Eck in Koblenz, zu finden. Wir fuhren nun wieder auf dem Radweg in Richtung Koblenz. Bald merkte man, dass eine größere Stadt in der Nähe war. Der Verkehr auf der daneben liegenden Straße wurde mehr und irgendwann war auch der Radweg wieder direkt an der Straße.

Vor uns radelte ein junges Pärchen hintereinander. Während ich zuerst ihn überholte, rief er seiner Frau/Freundin zu: „Verkehr von Hinten!" Als ich das hörte musste ich laut anfangen zu lachen. Auch ihm ging es so, als er registriert hatte, wie zweideutig sein Ausruf war.

Wir nahmen die erste Brücke in Koblenz, um von der nördlichen auf die südliche Moselseite zu wechseln. Teilweise war die aufgestaute Mosel hier so breit, dass vereinzelnd Segelboote zu sehen waren. Der direkte Radweg zum Deutschen Eck war wegen einer Baustelle gesperrt und so fuhren wir den Umleitungsschildern kreuz und quer durch Nebenstraßen bis zur letzten Moselbrücke, die ich bereits von meiner Rheintour 2008 kannte und überquert hatte.

Nun war an normales Fahrradfahren nicht mehr zu denken. Überall waren Touristen mit Fahrrad oder auch zu Fuß unterwegs. Am Deutschen Eck selber war das Chaos noch größer, da der gesamte Vorplatz für die Bundesgartenschau 2011 saniert wurde. Trotzdem schafften wir es nach einer Viertelstunde, um ca. 16:30 Uhr, am Ziel zu sein.

Kilometer heute: 83,5 km; Kilometer insgesamt: 200,5 km; Fahrzeit: 3:49 Stunden; Schnitt 21,8 km/h

Nachdem die obligatorischen Fotos geschossen waren, probierten wir leider erfolglos ein Hotel zu finden. Da das gewünschte Hotel belegt war, entschieden wir uns gleich den Heimweg anzutreten.

In Schifferstadt entschlossen wir uns noch bei einem Tankstopp ausgiebig in einem Restaurant zu Abend zu essen und kamen um ca. 22:45 Uhr wieder zuhause an.

.

Elbetour 2010

Von Kiel nach Dresden

Anreise
Wie jedes Jahr, bereits zum dritten Mal, hatte ich mir eine große Fahrradtour vorgenommen. Dieses Jahr sollte es von Kiel nach Prag gehen. Laut Karte waren das gut 1.000 Kilometer.

In diesem Jahr musste ich mich überraschend (?) von meinem alten Fahrrad trennen, da die Hinterachse krumm geworden war. Mein neues Rad hatte ich bereits auf der Moseltour und bei der diesjährigen Tour des Velo-Club-Hagnau (total verregnet – 70 km und nicht erwähnenswert, da hauptsächlich gesoffen anstatt geradelt wurde) getestet und festgestellt, dass ich mit dem neuen Rad deutlich schneller war.

Doch bevor ich los strampeln konnte, stand erst mal die Fahrt mit der Bahn nach Kiel an. Laut Deutsche Bahn sollte die Fahrt nach 12 Stunden in Kiel enden mit viermal Umsteigen. Tja, so war es aber wieder mal nicht. Bis Ulm war die Fahrt fahrplanmäßig in Ordnung. In Ulm musste ich aufgrund des falschen Wagenstandsanzeigers an das andere Ende des Zuges rennen, da das Fahrradabteil nicht am vorderen Ende, wie beschrieben, sondern am hinteren Ende des Intercitys angehängt war. Wenigstens funktionierte hier die Klimaanlage im Abteil.

Leider war dies im Intercity von Stuttgart nach Hamburg schon nicht mehr so. Mit Verspätung saß ich rund 8,5 Stunden in brütender Hitze im Zug. Zum Glück konnte ich die Fenster öffnen, anders als im ICE. Nachdem der Zug in Bremen bereits rund 40 Minuten gestanden hatte, kam die Durchsage, dass Deutschland im Achtelfinale der WM gegen Argentinien das 2:0 geschossen hatte – die Passagiere jubelten. Der Nachsatz, dass die Lock kaputt sei, wurde von den meisten Jubelnden nicht vernommen. Da ich aber alleine im Abteil war, konnte ich alles verstehen. Natürlich war mein Anschlusszug von Hamburg nach Kiel bereits abgefahren, doch ich hatte die Hoffnung, dass ich den nächsten Zug erwischen würde.

Als wir endlich in Hamburg ankamen, war die nächste Horrormeldung der Bahn, dass der Zug nach Kiel ausfallen würde. Die Fahrgäste nach Kiel sollten einen anderen Zug nehmen, bei dem sie in Neumünster erneut umsteigen mussten.

So kamen wir in Neumünster – natürlich mit Verspätung – an. Der Anschlusszug nach Kiel wartete bereits auf uns, da sonst kein Zug mehr fahren würde. Doch der Zug war brechend voll und ich bekam zum Glück noch einen Stehplatz mit dem Fahrrad. Andere Fahrradfahrer wurden am Bahnsteig zurückgelassen.

Nach 14 Stunden Bahn-Abenteuer kam ich in Kiel an und radelte die letzten 500 Meter in das von mir vorab bereits gebuchte Hotel. Nach einem kurzen Bummel an das Hafenbecken wollte ich nur noch schlafen um am nächsten Tag fit zu sein.

1. Tag von Kiel nach Brunsbüttel (Nordostseekanal)
Um 7:50 Uhr am Sonntag, den 4. Juli 2010 begann ich ganz unspektakulär vor dem Hotel meine Fahrradtour. Die Straßen waren noch leer und ich musste nur an wenigen Ampeln halten. Unerwartet viel ging es in Kiel bergauf und nach 25 Minuten war ich endlich auf der Prinz-Heinrich-Brücke über dem Kanal.

Hinter der Brücke tat ich mir erst schwer den Zugang zum Radweg zu finden. Nach mehrmaligem Fragen war ich dann endlich direkt am Kanal. Doch der „Radweg" hielt nicht was er versprach. Ich wusste vorher schon, dass ich vor allem auf dem ersten Stück hauptsächlich mit Spurplatten (ca. 200cm x 50cm) rechnen musste. Da diese Spurplatten sehr schlecht verbunden waren, hinderten Sie mich an einem schnellen Vorwärtskommen. Vielmehr wäre ich beinahe gestürzt, als ich seitlich von der Spurplatte herunterrutschte, weil ich mir ein vorbeifahrendes Schiff anschauen wollte. Man sollte immer auf die Straße (oder den Radweg) achten und nicht auf alles Andere.

Als ich mich vor Antritt der Fahrt erkundigt hatte, war mir klar, dass bis Rendsburg der Weg nicht so gut sein würde. Doch an der Fähre Landwehr sagte mir ein Passant, dass der Weg bis zur nächsten Fähre besser durchs Hinterland führte, da direkt am Kanal nur ein Trampelpfad wäre.

Der Umweg war zum Glück leicht zu finden und es machte Spaß auf guten Asphaltstraßen einige Kilometer zurückzulegen. Kurz vor Sehestedt verliefen allerdings die letzten ca. 5 km auf

Schotter durch den Wald. Naja, dafür war vorher der Weg ja gut zu fahren.

An der Fähre Sehestedt wechselte ich von der Nord- auf die Südseite des Kanals. Leider verpasste ich aufgrund einer Baustelle den Weg direkt an den Kanal und folgte einem Wirtschaftsweg, der leider nach mehrmaligen Biegungen wieder an der Fähre ankam. Ich war 6 km im Kreis gefahren. Zum Glück wurde mir dabei nicht schwindelig.

Damit mir dies nicht noch mal passierte, ging ich jetzt auf die Landstraße. Viele Experimente konnte ich nicht machen, da ich keine Karten für den Nordostseekanal hatte. Doch grob nach Himmelsrichtung konnte ich gut vorwärtskommen. Über Rade kam ich dann in Schacht-Audorf an. Da hier eine Tankstelle war, füllte ich meine Getränke auf. Es war sehr warm, besonders für den Norden, und so hatte ich schon einiges an Wasser getrunken.

Frisch gestärkt fuhr ich die nächsten paar Kilometer wieder am Kanal bis Rendsburg. Allerdings hinter der Schwebefähre hörte der Radweg ohne Vorankündigung an einer Baustelle auf. Wieder musste ich einen Umweg fahren, doch kurz bevor ich wieder an den Kanal kam, konnte ich ein Lokal erspähen, an dem ich Frühschoppen machen konnte.

Nach 20 Minuten fuhr ich weiter. Am Kanal entlang ging es auf dem Deich kilometerweit nur geradeaus weiter in der Mittagshitze. Beeindruckend waren die mitunter sehr großen Containerschiffe, sowie auch die Sportboote, die immer einen Tick langsamer waren als ich. So konnte ich mir immer ein Schiff weit voraus aussuchen, dass ich dabb als Ziel vor Augen hatte und einholte.

An der Fähre Breiholz war ein Imbiss, an dem ich endlich bei Kanalkilometer 50 (von 100) bei Tachometerstand 70 (!) Mittagessen konnte. Es war bereits schon nach 14:00 Uhr.

Nach ca. 30 Minuten Pause ging es weiter. Bei der Mittagshitze und dem immer stärker werdenden Gegenwind von der Nordsee her, wurde ich immer langsamer und musste kämpfen.

An der Fähre Oldenbüttel machte ich in einer schattigen Rasthütte erneut Pause und unterhielt mich mit einem älteren, bayrischen Ehepaar. Plötzlich fiel mein Fahrrad bei einer starken Windböe um und ein Teil meines Lenkergriffs lag neben dem Fahrrad. Im Prinzip kein Problem, da ich den passenden Inbusschlüssel mitführte. Bloß mit den vorgeschriebenen 7 Newtonmeter kam ich nicht ganz klar und schon war der Kopf der Inbusschraube abgebrochen. Jetzt hatte ich ein Problem, da der Griff nicht auf der Lenkerstange blieb und ich den Rest bis Brunsbüttel mit der Hand an der Eisenstange des Lenkers fahren musste. Bei den ständigen Erschütterungen der Spurbetonplatten war dies eine Herausforderung.

An der nächsten Fähre „Fischerhütte" wechselte ich wieder auf die Nordseite. Übrigens sind am Nordostseekanal sämtliche Fähren kostenlos, da Kaiser Wilhelm verfügte, dass die durch den Kanal getrennten Gemeinden kostenlos verbunden sein müssten.

An der Fähre Burg machte ich noch eine letzte größere Pause von ca. 20 Minuten, bei der ich mir ein Hotelzimmer in Brunsbüttel buchte. Meine spätere Schwiegermutter wohnte hier nur wenige Meter vom Kanal entfernt, aber damals kannte ich meine heutige Frau noch nicht. – Blöd aber auch...

Auf den letzten Kilometern hatte ich erste Anzeichen von Krämpfen bekommen. Erst nachdem ich wieder losgefahren war, hatte ich jetzt tatsächlich leichte Krämpfe. Ich hielt kurz an und ging ein paar Meter und bald schon konnte ich wieder weiterradeln.

Kurze Zeit fuhr ich mit einem Paar zusammen, welches aber erheblich langsamer war als ich. Sobald ich mich wieder erholt hatte, fuhr ich in meinem Tempo weiter.

Kurz vor Brunsbüttel führte der Weg etwas abseits vom Kanal durch ein Industriegebiet die letzten 3 Kilometer bis in die Stadt. Leider lag das Hotel am anderen Ende der Stadt und ich musste wohl oder übel 6 km von der Fähre, die ich am nächsten Morgen benutzen würde, in die andere Richtung fahren. Ich mochte es einfach nicht, wenn ich zurückfahren musste.

Das Hotel „Traube" (der Name hier?), an dem ich um 17:00 Uhr ankam, war angenehm und akzeptabel. Abends ging ich noch nebenan in ein italienisches Restaurant und aß gemütlich Spaghetti. Dieses Restaurant besuchte ich einige Jahre später mit meiner Ehefrau nochmals.

Kilometer heute 122; Schnitt 18,5 km/h; Fahrzeit 6:30 Std.

2. Tag von Brunsbüttel nach Geesthacht

Heute startete ich um 7:50 Uhr. Da ich immer noch nur einen Griff am Lenker hatte, wollte ich noch schnell in einer örtlichen Fahrradreparaturwerkstatt vorbeischauen. Doch leider war hier noch bis 9:00 Uhr geschlossen.

So nahm ich die Fähre auf die andere Seite des Nordostseekanals und bekam nochmals einen Blick von nahem auf die Ozeanriesen, die hier gerade hoch geschleust wurden.

Durch das Industriegebiet ging es vorbei am Atomkraftwerk über St. Margarethen bis Brokdorf auf der B 431. In Brokdorf entdeckte ich eine Kfz-Werkstatt, bei der ich nachfragte, ob mir hier eine neue Inbusschraube am Griff eingesetzt werden könne. Der Mechaniker war sehr nett, konnte mir aber nicht weiterhelfen. Er sagte, dass ein Bekannter von ihm im Hinterland ein Fahrradgeschäft hätte, aber mir war das zu weit von der Strecke weg und so ließ ich mir den Weg zum Uferweg beschreiben. Bis zum Störsperrwerk war der Weg auch gut zu befahren, danach aber bis Glückstadt fuhr ich durch die ersten Schafherden.

An der Fähre Glückstadt traf ich einen alten Russlanddeutschen, der mit mir bis zum Fahrradgeschäft in Glückstadt fuhr. Er war sehr nett und erzählte mir von seiner Heimat Sibirien und das seine Söhne lieber in Russland geblieben waren.

Auch in diesem Fahrradgeschäft sagte man mir, dass eine Reparatur nicht sinnvoll war, sondern dass es einfacher und kostengünstiger wäre, gleich einen neuen Satz Griffe (49 Euro) zu montieren. Wenigstens ging der Austausch recht schnell und ich konnte weiterfahren.

An der örtlichen Tankstelle verbrachte ich meinen Frühschoppen und hielt mich ca. 20 Minuten auf. Es ging weiter an der Landstraße und über die kleinen Dörfer, entlang der Straße, fuhr ich bis Kollmar.

Kurz hinter Kollmar hatte ich zwei Knackpunkte des heutigen Tages vor mir. Das Sperrwerk Krückau kam als erstes. Laut meinem Buch und der Beschilderung vor Ort hatte ich wohl eine lange Wartezeit vor mir, doch überraschender Weise konnte ich das offenstehende Sperrwerk passieren.

Als zweites stand nun 6 Kilometer weiter das Pinnausperrwerk an. Auch hier hatte ich Glück. Da der Angestellte des Sperrwerks mit Bauarbeitern am „schnacken" war, stand das Sperrwerk offen.

Auf den nächsten Kilometern fuhr ich praktisch nur noch von Schafweide zu Schafweide, jedes Mal getrennt von einem Metallgatter, das zu öffnen war. Ob es auch dumme Schafe waren mochte ich nicht beurteilen, da ich keine Zeit hatte, um mit ihnen ins Gespräch zu kommen. Das bedeutete, dass jedes Mal, wenn ich wieder richtig auf Tempo war, ich spätestens nach 1.200 Metern abbremsen und absteigen musste, um das nächste Gatter zu öffnen.

Erst in Wedel war dieser Spuk vorbei. Am „Willkomm-Höft" schaute ich mir die Verabschiedung eines Container-Ozeanriesen an.

Danach machte ich mich weiter auf den Weg Richtung Hamburg.

Nun führte der Radweg durch den Uferwald auf eher schlechten Wegen Richtung Blankenese. An einem Campingplatz wollte ich Mittagessen, doch bei Bob Marleys Friends, so sah zumindest das anwesende Publikum aus, gab es nur etwas zu trinken. Es war ein alternativer Hippie Campingplatz, an dem es nur Rasterlocken und Lumpenkleider an Männern und Frauen zu sehen gab.

Mit einem Schlag war ich dann im Nobelvorort Blankenese und fuhr an beeindruckenden Villen und Privatstränden vorbei. Der Weg wurde immer enger und irgendwann ein Fußweg, auf dem man die Fahrräder schieben sollte. Da ich aber den Elbe-FAHRRAD-Weg fuhr und nicht den Elbe-FUSS-Weg, weigerte ich mich abzusteigen und fuhr in nahezu Schrittgeschwindigkeit weiter. Wenigstens meinen Tachometer nahm ich ab, da dieses Gegurke mir meinen ganzen Schnitt versauen würde.

Jetzt war ich tatsächlich in Hamburg. Direkt an den Fischauktionshallen am Fischmarkt ging es auf grobem Kopfsteinpflaster weiter am alten Elbtunnel, den Landungsbrücken und der Speicherstadt vorbei. Ein schnelles Vorankommen war aufgrund der vielen Touristen und der für Fahrradfahrer schlechten Untergrundbeschaffenheit nicht möglich.

In einem Industriegebiet hielt ich an einer Mensa und bekam auf Nachfragen doch noch ein Mittagessen, da eigentlich schon seit einer halben Stunde geschlossen war. Es war bereits 15:30 Uhr und ich hatte schon 90 Kilometer auf dem Tacho. Ich machte ca. eine halbe Stunde Pause.

Bei der Ausfahrt aus Hamburg verfuhr ich mich um wenige Meter, bis ich merkte, dass ich nicht mehr auf dem richtigen Weg war. An einer Baustelle war das für mich entscheidende Schild verdeckt und so kam ich erst im zweiten Anlauf auf den Elberadweg zurück.

Nach kurzem hin und her fuhr ich über das Sperrwerk Billwerder und dann durch eine Art Park entlang der Norderelbe weiter.

Der Weg wurde jetzt wieder für viele Kilometer eintönig und schlecht. Es ging wieder über die Betonplatten, die ich bereits vom Nordostseekanal kannte. Entlang der beiden Spuren wuchsen Büsche und Bäume, die mehrfach weit in die Spuren hinein reichten und ich den Kopf einziehen musste. Es ging lange (ca. 15 km) gerade aus. Alle drei oder vier Kilometer kreuzte eine Straße, so dass wenigstens ein bisschen Abwechslung geboten war.

Fahrradweg an der Elbe zwischen Brunsbüttel und Hamburg

An den Windmühlen bei Kinderdijk (NL)

Meine Eltern   Nico und Birgit

Mit meinem Vater am Weserstein in Hann.Münden – Ursprung, bzw. Zusammenfluss zur Weser

Vor der Abfahrt mit dem VCH

An der Mosel bei Cochem

Ankunft in Wien

Warten an der Fähre Kloster Weltenburg

Missgeschick mit dem Begleitfahrzeug

Abfahrt in Hann.Münden

Pause in Frankfurt am Main

Diana und Ian am Wasserstraßenkreuz Mittellandkanal und Elbe

Schlechte Wege am Elberadweg

Ankunft am Deutschen Eck in Koblenz

Erst in Lütjenburg endete diese Tristesse. Leider erkannte ich zu spät, dass ich schon in Lütjenburg war, da ich sonst die Fähre auf die andere Seite genommen hätte. Auf der südlichen Elbeseite waren in meinem Kartenbuch mehr Hotels eingezeichnet, doch ich blieb auf der Nordseite.

Als ich meinen Fehler bemerkt hatte, war es aber schon zu spät. Am Himmel zeichnete sich sehr rasch näherkommender Regen ab und ich wollte in Altengamme eine Pension nehmen. Leider war alles besetzt und ich musste weiter nach Geesthacht.

Nun hatte es angefangen zu regnen. Nicht viel aber stetig kam das Wasser von oben. Am Ortseingang von Geesthacht war eine Hotelinfotafel aufgebaut und ich telefonierte alle örtlichen Hotels ab. Erst am Krümmeler Hof hatte ich Glück. Ich hätte aber vorher in die Karte schauen sollen. Krümmel lag weitere 5 Kilometer weiter und für den folgenden Tag waren die ersten Kilometer mit schlechtem Weg und vielen Anstiegen eingezeichnet.

Da ich nun aber ein Zimmer hatte, wollte ich auch nicht mehr umdrehen, da es schon 18:30 Uhr war. Das Hotel lag direkt am Atomkraftwerk Krümmel und kostete mich 55 Euro mit Frühstück.

Kilometer heute 139; Kilometer gesamt 261; Schnitt 18,5 km/h; Fahrzeit 7:32 Std.

3. Tag von Geesthacht nach Wittenberge
Auch an diesem Tag fuhr ich wieder um ca. 7:50 Uhr am Hotel los. Schon nach 2 Kilometer warm fahren ging es bergauf und in den Wald auf

Schotterwegen, wie ich es bereits am Vortag in meinem Kartenbuch lesen konnte. Entsetzliche Wege bei denen ich nicht richtig vorwärts kam. Auf den ersten 15 Kilometern hatte ich nur einen Schnitt von 14 km/h. Mir war bewusst, dass man mit meinem Fahrrad den Weg nicht hätte schneller fahren können, ohne erhebliche Schäden an Speichen oder Rahmen zu verursacht.

Kurz vor Lauenburg führte der Weg sogar so steil einen Abhang hinunter, dass ich diesen Weg nicht einmal zu Fuß ohne Fahrrad gewählt hätte. Ich fuhr stattdessen auf der Straße weiter und machte an einer Tankstelle Pause.

Durch die Stadt ging es dann auf grobem Kopfsteinpflaster bis zur Brücke über den Elbe-Lübeck-Kanal und dann auf die Brücke über die Elbe.

Da ich nicht sofort die Einfahrt zum Radweg fand, kürzte ich etwas über die Landstraße ab. Endlich konnte ich mal etwas Tempo machen und kam dann in Bleckede an der Fähre an.

Erstmals musste ich nun bei dieser Fahrradtour für eine Fähre bezahlen, aber die Beträge der Elbefähren hielten sich insgesamt in Grenzen.

Auf der anderen Uferseite fuhr ich dann 5 Kilometer bis Stiepelse und hielt dort meinen Frühschoppen ab. Es gab ein Schinkenbrot und zwei Apfelsaftschorle, die mir wirklich guttaten. Die Lokation war ein altes umgebautes Haus, in dem ein cleverer Mann einfach mal einen kleinen Imbiss eröffnet hatte. Wäre dies bloß noch mehreren Leuten im weiteren Verlauf der Elbe eingefallen…

Von hier an waren die Radwege in allerbestem Zustand und führten entlang des Deichs. Da ich außerdem Rückenwind hatte beschloss ich ein Experiment zu machen und wollte genau eine Stunde lang so schnell wie möglich fahren, um zu sehen, wie schnell ich sein könnte. Etwas überraschend kam ich nach genau einer Stunde auf eine Strecke von 32,3 Kilometer. Nicht schlecht ohne Rennrad.

Interessanter Weise hatte ich auf diesem Weg ein Paar überholt, bei dem ich mich sehr schwer tat dieses einzuholen. Der Mann hielt auch ca. 2 Kilometer an meinem Hinterrad mit, bevor er abreißen lassen musste.

An der Fähre Hitzacker kam ich an und sah, dass die Personenfähre gerade abgelegt hatte. Doch welch Wunder, mitten auf der Elbe drehte die Fähre um und holte mich ab.

Als ich gerade am anderen Ufer von Bord gegangen war, sah ich, dass das Paar, bei dem ich so viele Schwierigkeiten hatte vorbei zu kommen auch auf der anderen Seite der Elbe ankam. Ich beschloss in Hitzacker auf sie zu warten, bis sie auch auf meine Elbeseite übergewechselt hatten. Ich setzte mich direkt am Hafen auf eine Bank.

Kurz darauf hielten sie auch bei mir. Es stellte sich heraus, dass sie Schotten waren und kaum ein Wort Deutsch konnten. Wir schauten zusammen auf die Karte und fuhren zusammen weiter.

Kurz nach Hitzacker hielt er aber an um sich die Jacke auszuziehen. Wir verabschiedeten uns und ich fuhr weiter.

Durch meine „Power-Stunde" hatte ich aber einiges an Kraft verloren und war nun nicht mehr ganz so schnell. Nach einer halben Stunde machte ich an einer Bank mitten auf dem Deich Pause. Es dauerte nur 5 Minuten bis die Schotten auch ankamen.

Sie beschlossen ebenfalls Pause zu machen und ich verlängerte meine Pause, da ich nun jemanden zum Plaudern hatte. Ansonsten fuhr ich ja alleine und konnte mich so auch mit niemand unterhalten.

„Typisch britisch", meinten die beiden Schotten und bereiteten sich mit einem Gaskocher Tee zu. Sie boten mir zwar auch einen Tee oder etwas Käsebrot an, doch ich lehnte ab, da mein Tee höchstens der Hopfentee war. Dieser war leider nicht im Angebot enthalten.

Gemeinsam fuhren wir nach ca. 30 Minuten weiter. Sie stellten sich mir als Ian und Diana vor. Zusammen waren wir wieder schneller unterwegs. Beide waren von meinem hohen Tempo beeindruckt und entschuldigten sich mehrmals bei mir, dass sie mich aufhalten würden. Das Gegenteil war der Fall. Ohne die beiden wäre ich wohl in der Hitze nur noch herum gegammelt.

Die Landschaft war eintönig und die Sonne brannte vom Himmel. Mal fuhr Ian vorweg und mal fuhr ich vorweg und machte wieder Tempo. Mich beeindrucke vor allem Diana, die unser hohes Tempo mitgehen konnte.

Beide waren erfahrene Tourenfahrer und so hatten wir einigen Gesprächsstoff für die nächsten Kilometer. Ich war ganz über mich selbst erstaunt, wie viele verlorengeglaubte englische Vokabeln mir während des Sprechens wieder einfielen, denn wir unterhielten uns ausschließlich auf Englisch.

In Gorleben verließen wir den Radweg am Deich und fuhren an der Landstraße bis Gartow. Hier machten wir an einer Imbissbude Pause. Nach ca. 30 Minuten fuhren wir weiter auf der Landstraße bis Pollitz, um dann wieder auf dem Radweg bis Wittenberge zu gelangen.

Der Weg wurde aber erheblich schlechter. Erst war es nur noch ein Feldweg, dann eine ausgefahrene Linie im Graß bis zu einer Holzbrücke in der Botanik. Auch danach ging es auf ganz schlechten Betonplatten mit großen Löchern weiter (Panzerkekse).

Auf den letzten Metern vor Wittenberge wurden die Wege aber zum Glück wieder besser. Wir mussten laut Karte nur noch über die Eisenbahnbrücke und schon waren wir am Tagesziel.

Leider war die zweite der beiden Eisenbahnbrücken gesperrt und wir mussten einer 4 kilometerlangen Umleitungen über eine Pontonbrücke folgen.

Vorbei an Industrieruinen und ausgestorbenen Plattenbausiedlungen kamen wir um 17:30 Uhr nach Wittenberge. Gleich das erste annehmbare Haus war unser Hotel. Für einen Wucherpreis von 70 Euro (Doppelzimmer 82,50 Euro). Da die Dame an der Rezeption kein Englisch konnte, musste ich für Beide dolmetschen.

An der wegen Baustelle gesperrten Eisenbahnbrücke hatten wir noch zwei Hessen (Vater und Sohn) getroffen, die die Elbe abwärts gegen den Wind unterwegs waren. Sie stiegen im gleichen Hotel ab und wir trafen uns beim Abendessen im benachbarten Mexikanischen Restaurant.

Kilometer heute 147; Kilometer gesamt 408; Schnitt 20,0 km/h; Fahrzeit 7:22 Std.

4. Tag von Wittenberge nach Rogätz

Heute ging es bereits um 7:45 Uhr weiter. Nach einem gemeinsamen Frühstück fuhren wir zusammen los. Es ging wieder durch die ausgestorbenen Stadtviertel und über die Pontonbrücke, sowie die erste Eisenbahnbrücke auf die andere Elbeseite zurück.

Auf, und vor allem unterhalb des Deichs ging es durch menschenleere Gegenden weiter. Wir sahen Rehe, Hasen und sogar später noch eine Schlange, die den Radweg überquerten.

In Werben wollten wir nach dem rütteln der schlechten Radwege endlich unseren Frühschoppen machen. Ein alter Mann erklärte mir in sehr steifer und wohl offizieller Sprache, dass am „MP" eine Möglichkeit zum Trinken eines Kaffees wäre. Erst auf nachfragen bekam ich als Antwort, dass „MP" für Marktplatz stehe.

Durch diesen Ort, der in einem erbärmlichen Zustand war, kämpften wir uns über grobes Kopfsteinpflaster. An einer Trinkhalle bekamen wir einen Kaffee. Allerdings war Diana komplett mit

Ihrem Englisch an den sturen Bediensteten und Gästen mit Ihrer Bestellung gescheitert. Dafür kümmerte ich mich dann um die Bestellung meiner schottischen Begleiter.

Havelberg, auf der anderen Uferseite gelegen, umfuhren wir weiträumig und hielten uns auf der westlichen Seite der Elbe.

Irgendwann standen wir bei der auch heute wieder gewaltigen Hitze in einem Industriegebiet, in dem uns auch Verkehrsschilder nicht weiterhalfen. Erst ein entgegenkommendes Paar konnte uns den richtigen Weg zeigen und wir fuhren auf der Landstraße weiter bis Arneburg.

In Arneburg waren fast alle Straßen aufgerissen, da neue Kanäle verlegt wurden. Wir wollten Mittagessen und hofften an der Fähre etwas zu finden. Leider vergebens. Auf der anderen Seite fuhren wir wieder auf die Bundesstraße, da die Radwege einfach zu schlecht für unser hohes Tempo waren.

In Schönhausen machten wir Rast in der Gaststätte „Stadt Braunschweig" und bekamen ein gutes und günstiges Mittagessen. Es war bereits 13:00 Uhr und wir hatten schon über 70 Kilometer auf dem Tacho.

Nach dem Mittagessen blieben wir auf der Bundesstraße. Von Fischbeck bis Jerichow verlief die B 107 über 5 Kilometer schnurgerade aus. Da ich zurzeit der Führende war, wollte ich heimlich mal aufs Tempo drücken und erhöhte langsam die Geschwindigkeit.

Da wir ständig von LKWs überholt wurden, konnte ich mich auch nicht immer umschauen. Auf den 5 Kilometern hatte ich den Beiden 500 Metern abgenommen und wartete am Straßenrand.

Beide waren schwer beeindruckt und schwärmten davon, was für ein guter Fahrradfahrer ich wäre. Ich konnte mich dagegen wieder hinter Ian verstecken und mich in seinem (für mich kümmerlich kleinen) Windschatten erholen.

Ian fuhr eine sehr hohe Trittfrequenz. Ich dagegen baute mehr auf Kraft und hatte eher einen zu hohen Gang eingelegt, als dass ich mich zu Tode strampelte. Anstatt einer Kette hatte er einen Riemenantrieb. Eine solche Antriebsart hatte ich bis dato noch nie gesehen und auch später fiel mir ein solcher Antrieb nie wieder an einem Fahrrad auf.

An der Fähre in Ferchland machten wir nochmals für 20 Minuten Pause. Diana und Ian machten wieder Ihre Tee-Time und ich telefonierte mit meinem Büro.

Jetzt wieder auf der linken Elbeseite begannen wir unseren „Evening-Ride". Die letzten 20 Kilometer für heute auf gut asphaltierten Radwegen.

In Kehnert hielten wir kurz an, um noch kurz ein paar kühle Getränke aufzunehmen und fuhren bald weiter bis Rogätz.

Direkt hinter dem Ortseingangsschild war ein Hinweisschild für ein Hotel im Dorf. Ich rief dort an und wir hatten Glück. Als wir im Hotel ankamen, war für uns eine Ferienwohnung bestimmt, in der ein Doppelzimmer und ein Einzelzimmer für zusammen 70 Euro waren. So verbrachten wir drei die Nacht in einer Ferienwohnung. Auch recht.

Im angrenzenden Restaurant war im Innenhof ein „Public Viewing" eingerichtet, da heute das Halbfinale Deutschland – Spanien stattfand. Wir bedienten uns am Grill und schauten die erste Halbzeit im Innenhof.

Danach gingen wir in unsere Ferienwohnung. In der Ferienwohnung neben uns waren zwei Österreicher angekommen, die von Prag kommend die vor mir liegende Strecke beschreiben konnten.

Kilometer heute 121; Kilometer gesamt 529; Schnitt 18,5 km/h; Fahrzeit 6:33 Std.

5. Tag von Rogätz nach Wörlitz

Heute konnten wir erstmal ausschlafen, da das Frühstück erst ab 8:00 Uhr möglich war. So begann die heutige Tour erst um 8:30 Uhr. Diana und Ian wollten in Magdeburg auf den Bahnhof, da in Ostdeutschland die Landschaft bisher nicht sehr reizvoll war und außerdem kaum ein Einheimischer englisch sprechen konnte.

Wir fuhren gleich auf die Fähre Rogätz und wechselten an das östliche Ufer. Es ging gut voran und ich nutze nochmals den Windschatten hinter Ian aus. (auch wenn ich lange danach suchen musste)

Schon bald kamen wir an das Wasserstraßenkreuz kurz vor Magdeburg. Wir hatten soeben einen einzelnen Tourenfahrer überholt, der nur kurz nach uns ankam.

Wir machten ein paar Fotos von uns und der Trogbrücke, als der einzelne Tourenfahrer bei uns anhielt. Er hatte gestern schon mitbekommen, dass wir uns auf Englisch unterhielten und so probierte er es mich mit seinem extrem sächsisch verfärbten Englisch anzusprechen.

Mit breitem Grinsen und meinem besten Badisch ließ ich ihn wissen, dass ich nicht nur Englisch verstand, was ihn sichtlich erleichterte. Er war aus Leipzig und setze gerade zu einer Erzählung seines Lebenslaufs an, als Diana ihn fragte, ob er ein Foto von uns machen könnte.

Gleich danach machten wir uns wieder auf den Weg, um einer wohl langen Lebensgeschichte zu entfliehen. Unter der Trogbrücke wäre ich fast falsch gefahren, denn im Schatten der Brücke hatte ich das Schild übersehen, auf dem gekennzeichnet war, dass der Radweg rechts abbog.

Ian hielt das Tempo bewusst hoch und so konnten wir den Leipziger wieder abhängen. Er war zwar nicht unrecht, aber irgendwie nervte er und passte nicht so recht in unsere Dreiergruppe.

Es ging auf guten Wirtschaftswegen durch die Felder und man sah schon die ersten Industriebauten von Magdeburg.

An der ersten Möglichkeit hielten wir in einem Park und tranken einen Kaffee im Parkhotel. Es war unsere letzte gemeinsame Pause und Diana notierte sich noch meine Internetadresse. Beide schossen noch ein paar Fotos mit mir und nach 20 Minuten ging es weiter.

Schon 100 Meter später fuhren wir wieder an dem Leipziger Radler vorbei, der auf einer Bank Pause machte. Diana fragte mich, ob ich mit ihm jetzt weiterfahren wolle, doch ich sagte ihr, dass er mir zu langsam sei. Das war zumindest höflich ausgedrückt.

Nach weiteren 500 Metern trennten sich unsere Wege. Wir umarmten uns und bestätigten dem jeweils anderen, was für gute Fahrradfahrer man wohl sei. Heute waren es leider nur 28 Kilometer die wir zusammenfahren konnten. Leider hörte ich nie wieder etwas von Ian und Diana.

Für mich ging es nun alleine weiter. Auf Schotter forcierte ich das Tempo und war im Nu an Magdeburg auf der östlichen Uferseite vorbeigeschossen.

Nach einiger Zeit auf dem gut ausgebauten Deich bemerkte ich einen älteren Rennradfahrer, der schon eine ganze Weile versuchte an mich heran zu kommen.

Ich beschloss mit ihm ein Späßle zu machen und nahm etwas Tempo heraus. Er kam immer näher und schoss förmlich an mir vorbei.

Nun erhöhte ich wieder das Tempo und blieb an seinem Hinterrad. Ich merkte wie er probierte mich abzuschütteln, doch ich war so gut drauf, dass er es nicht schaffte. Bald konnte er sein eigenes, hohes Tempo nicht mehr halten und wurde nur ein bisschen langsamer.

Ich nahm meine Trinkflasche, tat ein paar kräftige Tritte und überholte ihn trinkend und ohne zu treten. Auf gleicher Höhe nickte ich ihm kurz zu und steckte meine Trinkflasche wieder in die Halterung. Nun gab ich alles und ließ ihn hinter mir zurück.

Nach ein paar Minuten drehte ich mich um und sah gerade noch wie er auf seinen Lenker schlug und vom Radweg in eine Siedlung abbog. Zu diesem Zeitpunkt hatte ich ihm wohl gut 100 Meter abgenommen.

Breit grinsend konnte ich nun auch wieder das Tempo normalisieren.

Die Radwege wurden nun von Kilometer zu Kilometer immer schlechter. An einer Kreuzung fragte ich zwei einheimische Radler, welcher Weg wohl der bessere sei. Sie empfahlen mir ein Stück auf der Landstraße über Elbenau nach Plötzky.

In Plötzky, es war schon wieder unglaublich heiß, hielt ich an einem kleinen Tante-Emma-Laden und kaufte mir eine Flasche kühles Mineralwasser. Um 12:00 Uhr schloss der Laden und ich musste nach einer Pause von 10 Minuten schon wieder weiterfahren.

Auf einer sehr schlechten Landstraße (auch wenn ich mich wiederhole: Die Wege waren in Sachsen-Anhalt wirklich sehr ausbaufähig) ging es nun um eine große Ferienhaussiedlung herum. Auf meiner Karte stand, dass hier mit Bodenwellen zu rechnen sei, aber dass man hier nicht mal 20 km/h fahren konnte, war schon besonders ernüchternd.

Ab Dornburg ging es wieder auf Betonspurplatten durch das Biosphärenreservat Mittelelbe. Auf gut deutsch – Botanik pur auf schlechten Wegen! Unter der Eisenbahnbrücke nach Barby hielt ich bei zwei Frauen an. Es handelte sich um Mutter und Tochter, die das erste Mal eine Fahrradtour unternahmen. Nach ein paar Schlucken aus meiner Trinkflasche fuhr ich weiter.

An der Fähre Ronney hielt ich an einer Wirtschaft an und bekam Spätzle mit Gemüse und Käse überbacken. Auch Mutter und Tochter kamen an und setzten sich bei mir an den Tisch. Wir kamen ins Gespräch und sie erzählten, dass sie aus Meißen waren und für die Strecke nach Magdeburg und zurück nach Meißen drei Wochen eingeplant hatten. Für mich waren das nur rund zwei Tage.

Bald darauf fuhr ich weiter und ratterte ca. 10 Kilometer auf Schotter durch den Wald. Nach der nächsten Siedlung sah ich vor mir einen alten und nicht gerade schlanken Mann auf einem Fahrrad fahren.

Ich versuchte an ihn heran zu kommen, doch es dauerte ungewöhnlich lange, bis ich aufgeschlossen hatte, obwohl er gar nicht so schnell in die Pedale trat. Des Rätsels Lösung war, dass er einen Elektrozusatzantrieb hatte. Diese Art von E-Bikes war seinerzeit noch nicht so verbreitet und schon gar nicht hier mitten in der Botanik auf dem Land.

Er war sehr nett und er meinte, dass das Fahrradfahren für ihn die größte Freude wäre, aber nach seinem Herzinfarkt brauchte er nun Hilfe von einem Elektroantrieb.

Wir fuhren zusammen bis Brambach, wo er nach seiner Tagestour von 70 Kilometer ein Hotelzimmer hatte. Für mich war es noch zu früh zum Feierabend machen und so fuhr ich auf der Landstraße weiter.

Für diese Gegend im Hinterland hatte ich allerdings keine Karte mehr zur Verfügung und so fuhr ich nach Himmelsrichtung auf Roßlau zu.

Vor Roßlau hielt ich an einem Getränkemarkt und frischte meine Getränke auf. Ich suchte mir sehr lange die passenden Flaschen für meinen Rucksack aus, da im Laden eine gut arbeitende Klimaanlage war. Nach 15 Minuten ging es weiter.

Ich war bereits in Dessau-Roßlau angekommen und probierte nun den Weg nach Coswig (Anhalt) zu finden. Hier wollte ich mir dann ein Hotel suchen.

Am Ortsausgang von Roßlau hielt ich am Ende des Radwegs an einer Tankstelle, um nochmals etwas Kühles zu trinken. Als ich nach dem Radweg nach Coswig fragte, schauten sich die beiden Kassierer an und sagten, dass es nur die B 187 hier gab und keinen Radweg. Die B 187 war an dieser Stelle sehr stark befahren und vor allem die LKW-Fahrer machten nicht den Eindruck, dass sie sich über einen Fahrradfahrer auf der Bundesstraße freuen würden.

Ich meinte, wenn sie in den nächsten 20 Minuten einen Krankenwagen und Hubschrauber hören würden, dann wäre mir wohl was passiert.

In sehr hohem Tempo fuhr ich die 15 Kilometer bis Coswig auf der Bundesstraße, obwohl hier immer wieder einige Erhöhungen zu bewältigen waren. Doch nachdem ich die A 9 überquert hatte, war Coswig bereits zu sehen.

Wieder an einer Tankstelle hielt ich an und probierte ein Hotelzimmer zu reservieren. Leider war in Coswig nichts mehr frei und so versuchte ich es auf der anderen Elbeseite in Wörlitz. Hier hatte ich auch erst beim dritten Anruf Glück und machte mich so schnell wie möglich auf den Weg zur Fähre.

Leider verpasste ich die Gierfähre nur ganz knapp, weil ich versuchte an mein klingelndes Handy heranzukommen. Also wartete ich und telefonierte in der Zeit mit zu Hause.

Bis zum Hotel waren es nochmals 5 Kilometer auf Asphalt und in Wörlitz selber weitere 500 Meter auf grobem Kopfsteinpflaster.

Das Hotel, vielmehr die Pension war in Ordnung und zum Abendessen machte ich mich auf den Weg durch den Ort. Schon beim Hereinfahren waren mir prächtige Gartenanlagen und alte Stadtmauern aufgefallen, jedoch war kein Mensch zu sehen.

Im Restaurant „Zum Gondoliere" traf ich den Besitzer und unterhielt mich mit ihm. Er kannte Meersburg und Hagnau recht gut, da er dort mal gearbeitet hatte. Er erzählte mir von seinen Sorgen über den örtlichen Tourismus, der so gut wie gar nicht stattfand, obwohl wir hier mit Dessau, Wörlitz und Wittenberg gleich drei Weltkulturerben im Umkreis von 20 Kilometern hatten.

Auch bei ihm hatte ich vorher nach einem Zimmer angefragt und bekam von seiner Angestellten die Antwort, dass alles voll sei. Er war fassungslos, da er noch genügend Zimmer frei hatte. Er spendierte mir eine Apfelsaftschorle und da die Küche geschlossen war, empfahl er mir ein anderes Restaurant im Ort.

Kilometer heute 126; Kilometer gesamt 655; Schnitt 19,1 km/h; Fahrzeit 6:33 Std.

6. Tag von Wörlitz nach Riesa
Heute war wieder ein besonders heißer Tag angesagt. Um der Hitze zu entgehen, fuhr ich schon um 7:30 Uhr los. Es ging unterhalb des Deichs auf einigermaßen akzeptablen Wegen Richtung Pratau. Pratau lag gegenüber der Lutherstadt-Wittenberg. Immer wieder konnte ich ein paar Blicke auf die Lutherstadt-Wittenberg werfen, doch ich fuhr weiter auf der westlichen Uferseite.

Es war bereits um diese Uhrzeit sehr heiß und ich kam nur sehr langsam vorwärts. Die Ortschaften lagen weit auseinander und waren wie ausgestorben. In Wartenberg hielt ich an einem Tante-Emma-Laden und füllte meine Getränke wieder auf.

Wieder ging es durch die Botanik auf elend langen, schlechten Wegen bis Pretzsch. In einem Zeitschriftenladen konnte ich eine Dose warmes Büchsenbier ergattern und an der daneben liegenden Straßenbaustelle ließ ich mich von den Arbeitern mit einem Wasserschlauch von oben bis unten abspritzen.

Die nächsten 25 Kilometer wollte ich auf der Bundesstraße B 182 bis Torgau weiterfahren. Aufgrund der extremen Hitze hielt ich zwischenzeitlich in Dommitzsch bei 36 °C an einem Imbiss und gönnte mir eine Bratwurst und kühle Getränke. Es war erst 11:20 Uhr doch ich hatte schon 60 Kilometer hinter mir. Mir war bewusst, dass es jetzt noch langsamer vorwärts gehen würde, da der Asphalt schon flimmerte.

In Torgau hielt ich wieder einmal an einer Tankstelle und kaufte gekühlte Getränke, die ich auch gleich austrank. Auf der Toilette hielt ich mein Kopftuch und mein Trikot unter den Wasserhahn und war so für ein paar Kilometer wieder gekühlt.

Noch weitere 8 Kilometer fuhr ich auf der Landstraße unter der brennenden Sonne, bis ich wieder den Radweg fand. Hier war zumindest unter Bäumen kurzzeitig etwas Schatten zu erhaschen.

An der Fähre Belgern, die ich nicht nutzte, sah ich heute das erste Mal die Elbe. Ich hielt kurz an und trank wieder kräftig aus meinen inzwischen warmen Wasserflaschen.

Ich hatte jetzt schon um 14:30 Uhr 86 Kilometer hinter mir und brauchte nun Motivation, die ich mir mit einem Anruf zu Hause bei meinem Vater holte. Wieder etwas besser gelaunt fuhr ich nach ca. 15 Minuten weiter und nahm die direkte Verbindung auf der Bundesstraße B 182 bis Staritz.

Zurück auf dem Radweg hielt ich an einer im Schatten gelegenen Bank und unterhielt mich mit einem Pärchen, das bereits vor mir hier angekommen war. Ihnen war auch zu heiß und sie wollten im nächsten Ort wieder ins Hotel gehen.

Für mich ging es nun weiter und nach 3 Kilometern entschied ich mich wieder für die Hauptstraße. Der Weg war zwar laut Karte kürzer, aber dafür hatte ich doch einige Steigungen in praller Sonne zu bewältigen.

In Strehla ging es steil bergab und am Fuße der Rampe hielt ich an einer Tankstelle, die mir aufgrund der Klimaanlage und der gekühlten Getränke sehr sympathisch war.

Nach rund 15 Minuten beendete ich die Pause und fuhr auf der Bundesstraße in Richtung Riesa. Hier wollte ich mir für heute ein Hotel suchen. Am Bahnhof stoppte ich und telefonierte mich durch die Hotels am Platz. Obwohl es noch recht früh war, musste ich mit einigen Hotels und Pensionen telefonieren, bis ich in der Pension Große ein Zimmer fand.

Die Pension mit angeschlossener Gaststätte lag am anderen Ende der Stadt, doch die paar Meter schaffte ich auch noch. Im Garten setzte ich mich in den Schatten und war richtig glücklich, dass ich heute so weit gekommen war. Wäre hier noch ein Pool, hätte ich für mehrere Nächte gebucht.

Beim Abendessen bekam ich aber nochmals Ärger mit der Köchin, da ich die Tomatensuppe in ihren Augen total versalzen hatte. Erst als ich ihr erklärte, wie viel ich heute geschwitzt hatte, konnte ich sie einigermaßen beruhigen.

Kilometer heute 117; Kilometer gesamt 772; Schnitt 17,3 km/h; Fahrzeit 6:45 Std.

7. Tag von Riesa nach Dresden
Abfahrt war heute erst um 8:10 Uhr, da es leider nicht früher das Frühstück gab. Schon jetzt waren es über 30 °C und es ging nur langsam los.

Nervig waren die Schwärme kleiner Fliegen, die sich ständig in meinen Armen und Gesicht verfingen. Ich musste mir heute wirklich jeden Kilometer erkämpfen und auch ein richtig langer und steiler Anstieg war zu erklimmen. Leider gab es bei der darauffolgenden Abfahrt nur heißen Fahrtwind ins Gesicht, der keine wirkliche Erfrischung brachte.

Wenigstens waren die Wege heute besser. Allgemein musste man sagen, dass seit ich in Sachsen fuhr, die Radweg in einem deutlich besseren Zustand waren, als das Kopfsteinpflaster und die Spurbetonplatten in Sachsen-Anhalt.

Doch in mir reifte die Entscheidung die Tour in Dresden zu beenden. Über große Distanzen waren mir auch die letzten Tage schon keine Radler entgegengekommen. Sollte ich bei dieser Hitze einen Hitzschlag bekommen oder einen Unfall haben, so war ich ziemlich aufgeschmissen. Außerdem war ein Ende der Hitzewelle nicht in Sicht. Als ich nun in Meißen an einer Tankstelle um 10:00 Uhr nach 27 Kilometern ankam, stand das Außenthermometer bereits auf 38 °C

Ich rief bei meiner Mutter zu Hause an und teilte ihr mit, dass ich nur bis Dresden fahren werde. Sie gratulierte mir zu dieser Entscheidung und war wohl auch froh, dass ich mir die Tortouren nicht weiter antat. Auch ich war nun erleichtert, dass der

Spuk vorbei war. Etwas motivierter trat ich wieder in die Pedale.

Bei meinem nächsten Halt zum Wassertrinken nach einer halben Stunde rief ich meinen Bruder an und bat ihn mir ein Hotel in Dresden - möglichst mit Pool - im Internet zu finden. Leider war das nicht zu bezahlen und wir einigten uns darauf, dass ich selber suchen würde.

In Gohlis sah ich einen älteren Herrn in Badehose, wie er seine Blumen im Garten mit einem Feuerwehrschlauch goss. Ich bat ihn mich komplett mit Wasser abzuspritzen, was er auch mit einem Lachen tat. Wieder ein paar Kilometer weiter kam ich an einem Imbiss vorbei, an dem ich mir eine kurze Pause gönnte und meinen Frühschoppen hatte.

Nachdem ich wieder in praller Sonne durch die Felder auf dem Radweg gefahren war, stand ich plötzlich in Dresden. Durch ein Industriegebiet gelangte ich in eine große Sportanlage, bei der ich unter einem Baum anhielt und mir ein Hotel suchte.

Dresden war, was die Hotelpreise betraf, eine sehr teure Stadt. Aber ich fand ein „Youth-Hostel" (entspricht einer Jugendherberge) in der Nähe des Hauptbahnhofs. Für zwei Übernachtungen in einem Zimmer, in dem ich mit ausgestreckten Armen beide Seitenwände hätte streichen können, bezahlte ich 85 Euro inklusive Frühstück.

Es war ein alter Plattenbau, der noch nicht einmal Rollläden an den Fenstern hatte und so die Sonne den ganzen Tag in das Zimmer brannte. Aber wenigstens war ein Fernseher vorhanden.

Kilometer heute 56; Kilometer gesamt 828; Schnitt 17,0 km/h; Fahrzeit 3,17 Std.
In 6,5 Tagen war das ein Schnitt von fast 130 Kilometern am Tag.

Die letzten ca. 40 Kilometer an die Grenze in Bad Schandau nahm ich den Zug. Stieg in Bad Schandau aus, aß ein Eis und nahm den nächsten Zug wieder zurück.

In der hoteleigenen Sky Bar im 8. Stock schaute ich mir das WM-Spiel um Platz 3 an, bei dem Deutschland gegen Uruguay 3:2 gewann.

Für den nächsten Tag hatte ich mir eine Sightseeing-Tour vorgenommen und begann damit auch so zeitig wie möglich, da Temperaturen bis 40 °C angesagt waren. Gegen Mittag war ich dann auch schon wieder im Hotel und schaute mir im extrem warmen Hotelzimmer die Formel 1 und am Abend die erste Halbzeit des Finales der Fußballweltmeisterschaft an.

Die Heimfahrt
Bereits um 5:23 Uhr fuhr mein Zug in Dresden am Hauptbahnhof ab. Die Verbindung hatte ich mir am Tag meiner Ankunft in Dresden bei der Deutschen Bahn geben lassen.

Laut meiner Zugverbindung hatte ich heute 7 verschiedene Züge vor mir und würde um 17:01 Uhr in Friedrichshafen ankommen – so Gott will!

Ab Leipzig saß ich mit einem anderen Tourenradler im Fahrradabteil und wir unterhielten uns über bereits gefahrene Touren. Er schwärmte vom Oder-Neisse Radweg, sagte aber im gleichen Atemzug, dass die Radwege nicht sehr gut ausgebaut wären und man nur selten an Ortschaften vorbeikäme.

Er war auf dem Weg die Weser von der Quelle bis zur Mündung zu fahren. Er hatte viele nützliche Tipps und fand auch meine Idee mit dem nassen Kopftuch gut.

In Hof trennten sich unsere Wege. Ich hatte noch zwei Züge (Umsteigen in Marktredwitz) vor mir, bis ich in Nürnberg ankam. Hier war ich allerdings sauer, dass auf dem Gleis neben mir der direkte Zug aus Hof anhielt.

Einen noch dickeren Hals bekam ich, als ich auf dem Gleis, auf dem gleich mein Intercity nach Aalen einfahren würde, ein Interregioexpress aus Dresden mit Fahrradabteil anhielt. Wie ich ersehen konnte war dieser Zug erst um 8:53 Uhr in Dresden abgefahren. Dies hätte mir mehr Zeit zum Ausschlafen gegeben.

Im Intercity war ich mit einem Pärchen allein im Fahrradabteil, die gerade auch eine Fahrradtour von Rostock nach Plauen hinter sich hatten. Es stellte sich heraus, dass er Lokführer war. Er konnte mir bestätigen, dass die Deutsche Bahn bei einigen Zügen einfach nicht mehr im Fahrplan angab, dass ein Fahrradabteil im Zug war.

In Aalen kamen wir mit 15 Minuten Verspätung an und ich verpasste somit meinen Anschlusszug. Ebenfalls in Ulm verpasste ich meinen Anschlusszug aufgrund einer Verspätung nur knapp und kam somit in Friedrichshafen um 19:01 Uhr an.

Ich war sehr glücklich, dass mein Vater bereits mit dem Auto auf mich wartete und die letzten Kilometer bis Hagnau nicht mehr von mir geradelt werden mussten. Bei einem kühlen Bier auf der Terrasse meiner Eltern wurden dann auch bereits die ersten Anekdoten der Fahrradtour zum Besten gegeben.

Wesertour 2011

Von Hann. Münden nach Stade

Die Vorbereitung
Dies war nun das 4. Jahr in Folge, in dem ich meine wahnwitzige Idee verfolgte mit dem Fahrrad einen großen deutschen Fluss entlang zu radeln. Bereits im Herbst des Vorjahres hatte ich mich dafür entschieden, dieses Jahr entlang der Weser zu fahren.

Obwohl ich in den vergangenen Jahren immer durch eine akkurate Vorbereitung glänzen konnte, nahm ich in diesem Jahr die Tour etwas auf die leichte Schulter. Zur Navigation hatte ich mir zwar frühzeitig mein gewohntes „Bikeline" Radtourbuch erstanden, aber ansonsten passierte nicht viel zur Vorbereitung.

Durch eine Fußballverletzung am Knie schonte ich mich im Herbst und machte nur die Spiele der 1. Mannschaft mit, nicht aber das Training. Ebenso verhielt es sich mit dem Fahrradfahren. Im Oktober nutzte ich einen der letzten Sonnentage um noch einmal in beeindruckender Weise um den Bodensee (Obersee ca. 135 km) in 6:14 Std. zu rotieren. Diese Zeit konnte ich nie wieder unterbieten.

Doch anstatt wie in den letzten Jahren in das Fitness-Studio zum Spinning (neudeutsch für Fahrradfahren auf der Stelle) ein- bis zweimal die Woche zu gehen, beschränkte ich mich mehr auf das Zubereiten von Marzipankartoffeln (Probieren! Die sind echt gut!) und ähnliche kulinarische

Küchenakrobatik. So hatte ich bereits an Weihnachten wieder stattliche 10 kg zugelegt und die Waage bog sich unter ächzen auf 185 kg, die ich wiederum bis zum Start der Tour halten konnte.

Das Frühjahr, in dem ich nach der Fasnet zur Besinnung gekommen war, konnte leider auch nicht trainiert werden, da ich es erst mit einem steifen Nacken (nein, ich habe keine Viagra gelutscht!) zu schaffen hatte und dann als dies ausgestanden, mit einer Arthritis im Sprunggelenk trainingsunfähig war. So war auch das stramme Nordic Walking (neudeutsch für schnelles gehen mit zwei Spazierstöcken – ist aber trotzdem sehr empfehlenswert!) für die Katz´ gewesen.

Als endlich sämtliche Blessuren, Fasnet und Geschäftstermine unter Kontrolle waren, zeigte der Kalender schon Anfang Mai an. Da ich in diesem Jahr aber bereits Mitte/Ende Juni aufgrund der Hitze-Erfahrungen des Vorjahres meine Tour starten wollte, blieb nicht übermäßig viel Zeit zum Trainieren und fit zu werden.

So saß ich nun, das Wetter spielte zum Glück mit, im Schnitt jeden zweiten, dritten Tag auf meinem Drahtesel. Ich steigerte mich auch von Mal zu Mal in der Streckenlänge und Durchschnittsgeschwindigkeit. Jeder Personaltrainer wäre stolz auf mich. Als ich nun meine 40 Kilometer Feierabendstrecke im Griff hatte, traute ich mich auch mal auf eine Überlingersee-Umrundung (Hagnau – Konstanz – Radolfzell – Ludwigshafen – Hagnau), die ungefähr 80 Kilometer lang ist. Auch auf die altbekannte Gehrenberg-Umrundung (ca. 55 km), mit einigen kleinen Anstiegen dazwischen, ließ ich mich erfolgreich ein.

Im Gegensatz zu den letzten Jahren, war ich dieses Mal immer alleine im Training. Mein Vater war für 4 Wochen mit Schiff, Frau und Schwägerin auf hoher See. Naja zumindest auf dem Wasser halt...

Erst Anfang Juni wurde mein Trainingseifer durch Kurzurlaub und Besuch meiner Freundin (und jetzigen Ehefrau) mit drei Kindern jäh unterbrochen (Nein, das soll jetzt keine Schuldzuweisung sein, aber eine gute Ausrede wäre es schon...) Ich fuhr nur noch zweimal meine „Bergtour" von Hagnau nach Baitenhausen und über Markdorf, Kluftern und Immenstaad zurück. Dies war zwar mit knapp 40 Kilometern nicht die längste meiner Trainingstouren, aber durch den langen Anstieg bis Baitenhausen wurden die Muskeln gut aufgebaut. Wie oft sah ich mich schon im gepunkteten Bergtrikot der Tour de France, aber keiner überreichte es mir.

So kam der Tag der Abfahrt nach Hann. Münden immer näher und näher und ich fühlte mich trotz der schlechten Vorbereitung im Winter doch recht fit. In der Woche vor der Tour brachte ich nochmals mein Fahrrad zur Inspektion und der nach rund 2.500 km total abgefahrene Hinterreifen wurde ausgetauscht. Etwas Öl hier und da und schon konnte es beginnen.

Die Anfahrt
Es war Mittwoch, der 22. Juni 2011 als ich um kurz nach 11:00 Uhr das Büro abschloss und meinen Vater abholte. Um Punkt 12:00 Uhr waren wir vor der Arbeitsstelle meiner Mutter verabredet, um sie praktisch bei laufendem Motor einzuladen und abzufahren. (zugegeben, das hört sich jetzt an wie

Müll auf die Deponie fahren, aber so ist es natürlich nicht gemeint!)

Da ich noch eine Ablesung der Verbrauchszähler in einer Wohnanlage auf dem Weg machen musste, gesellten wir uns zu den vielen Touristen im Stau auf der Bundesstraße nach Friedrichshafen. Praktisch eine Stunde später konnten wir unseren Weg endlich fortsetzen.

Die Fahrt mit meinem Auto mit den beiden Fahrrädern verlief weiter recht ereignislos und wir kamen wie kalkuliert und vereinbart um Punkt 18:00 Uhr im Hotel in Hann. Münden an.

Das Wetter sah zwar ständig nach Regen aus, aber wir wollten trotzdem nach dem Abendessen in unserem Hotel Querenburg die Innenstadt und somit den Zusammenfluss von Werra und Fulda anschauen.

Mein Vater war zwar ziemlich verwirrt, welcher Fluss nun welcher war, da sich immer wieder irgendwelche Nebenarme der beiden Flüsse am Rande der Innenstadt vorbeischlängelten, aber glücklicher weise konnte ich ihm jedes Mal weiterhelfen.

Inmitten der historischen Altstadt von Hann. Münden, die geprägt von alten Fachwerkhäusern meist aus dem 14. Jahrhundert war, fanden wir uns am Rathausplatz ein, um die hauseigene Biersorte auszuprobieren. Nach einem weiteren Spaziergang durch die Innenstadt begaben wir uns dann in unsere Herberge um am nächsten Morgen auch ausgeruht zu sein.

1. Tag von Hann. Münden nach Grohnde
Um kurz vor 7:00 Uhr standen wir bereits auf und trollten uns in den Frühstücksraum. Heute sollte es nun endlich losgehen und was war nun mit mir los? Eigentlich hatte ich keine Lust und wäre gerne noch eine Runde ins Bett gegangen. Aber andererseits war ich auch wieder aufgeregt die ersten Kilometer endlich anzugehen.

Noch am Vorabend hatte ich zu meiner Mutter gesagt, dass wir uns an diesen Abend erinnern werden, da die ganzen Qualen alle noch vor uns liegen und am Ende schaut man zurück und denkt, wie entspannt und ausgeruht man doch noch am Vorabend war.

Und endlich nach dem letzten Gang auf die Toilette und des Anziehens der Fahrradklamotten holten wir die Fahrräder aus dem Auto. Wir verabredeten uns mit meiner Mutter, die uns wiedermal mit dem Auto als „Servicefahrzeug" begleitete in Bad Karlshafen – rund 45 Kilometer entfernt – zum zweiten Frühstück.

Wir rollten los. Die ersten paar Meter ging es noch durch den Berufsverkehr, ehe wir in die Altstadt abbogen, die wir ja noch vom Vorabend kannten. Ein paar Mal links, ein paar Mal rechts und wir waren über das Kopfsteinpflaster der Fachwerkhaus-Schluchten entkommen. Nachdem wir die Fulda überquert hatten, hieß das nächste Mal als wir den Fluss sahen dieser bereits Weser.

Fast schmächtig und romantisch sah dieser Fluss aus, der mich nun laut Karte die nächsten 520 Kilometer begleiten sollte. Am Ende würden Containerfrachter und andere sog. KüMoS (KüstenMotorSchiffe) den Fluss befahren, während hier gerade mal ganz flache Ausflugsschliffe und Kanus die Wellen bewegten.

Wir fuhren auf der linken Seite, obwohl das Kartenbuch die rechte Seite des Flusses ausschilderte. Doch waren auch einige kleinere Anstiege verzeichnet, um die ich gerne einen Bogen machte. Die linke Uferseite war ich bereits vor einigen Wochen mit dem Auto abgefahren und kannte die Topographie.

Mein Vater auf seinem Rennrad und ich mit meinem Tourenrad kamen durch die Ausläufer von Hann. Münden, bzw. Randgebiete flott durch. Teilweise mussten wir auf die Straße ausweichen, doch allgemein gesehen waren die vorhandenen Fahrradwege in gutem Zustand. So wurde auch der Verkehr nach dem Ortsausgangsschild deutlich ruhiger und wir konnten ordentlich Tempo machen. Obwohl die Straße fast eben war, machte der Radweg immer wieder einige Wellen und störte unseren gleichmäßigen Rhythmus.

Nach etwa einer Stunde und ca. 25 Kilometer befand mein Vater plötzlich, dass er nicht mehr auf dem Radweg fahren wollte und die Straße bevorzugte. Doch genau in diesem Moment machte der Radweg einen Rechtsknick, um dem Verlauf der Weser zu folgen. Da ich diesen Bereich wie schon oben beschrieben vorab besichtigt hatte, wusste ich, dass von nun an die Straße ständig bergauf ging und sich vom Fluss entfernte.

Ich deutete noch vehement meinem nun schräg hinter mir fahrenden Vater an, dass er doch wieder auf den Radweg kommen sollte. Doch er hörte nicht. Als nun der Rechtsknick des Radwegs kam, blieb mir nichts anderes übrig als meinem älteren, sturen Herrn unterhalb der Straße zu folgen. Nur ging mir jetzt der Radweg aus und ich geriet in eine Wiese. Unglücklicher weise sprang mir auch gerade in diesem Moment die Kette ab, was ich meinem Vater zur Straße hinaufrief. Der aber radelte einfach weiter und ich musste nun nicht nur die Kette wieder auf die Zahnräder bekommen, sondern auch noch die Böschung hinaufklettern.

Als ich endlich wieder auf der Straße war, sah ich meinen Vater bereits nur noch ganz klein in fast einem Kilometer Entfernung. Ich war nicht nur verdutzt, dass er nicht angehalten hatte, sondern richtig verärgert. Nun fuhr ich nicht an der Weser entlang, wie ich es vorhatte, sondern hechelte einem Rennradfahrer auf einer ständig ansteigenden Bundesstraße getrübt durch Abgase vorbeifahrender Autos hinterher.

Erst nach ca. weiteren 10 Kilometer wartete er auf mich, da ich bereits bis auf rund 200 Metern wieder aufgeholt hatte. Für mich stand aber fest, dass ich mir so was nicht mehr antun würde und das nächste Mal meine Tour entlang der Weser verfolgen würde. Schließlich hatte ich auch das Kartenbuch dabei.
Die nächsten Kilometer blieb er wieder hinter mir zurück und fuhr mit angemessenem Abstand.

Auch als wir nach 2 Stunden und 46 Kilometer in Bad Karlshafen ankamen, war mein Ärger noch nicht verraucht aber ich beruhigte mich wieder. Obwohl ich meiner Mutter, die hier auf uns mit Getränken gewartet hatte, den einen oder anderen Text erzählte, sollte dies hier eher zensiert bleiben.

Nach ca. 15 Minuten ging es weiter. Ich schluckte den Ärger weitestgehend herunter und wir nahmen wieder Fahrt auf. Eigentlich wollten wir auf der linken Seite bleiben, aber nach wenigen hundert Metern führte der Radweg auf die rechte Uferseite. Meine Mutter, die auch damit gerechnet hatte, dass wir am linken Ufer bleiben wollten, überholte uns und fragte, warum wir die Uferseite gewechselt hatten. Ich rief ihr zu, dass wir bald wieder auf die linke Seite wechseln würden und sie schon mal auf die linke Seite zurückfahren sollte.

Nach einigen Kilometern schaute ich mal intuitiv auf die linke Uferseite und sah genau in diesem Moment meine Mutter auf der anderen Seite in ca. 200 Metern Entfernung winken.

Nach wiederum einigen wenigen Kilometern war eine Fähre ausgeschildert. Wir sahen auch ein Stahlseil auf die andere Flussseite gespannt, doch erst bei genauerem hinüber schauen konnten wir ein besseres Ruderboot sehen, dass als „Fähre" im Einsatz war. Der „Fährmann" saß auf der anderen Seite und als ich einmal laut mit der Zunge schnalzte, schipperte er seine Titanic auf uns zu.

Es handelte sich um eine sog. Gierfähre, d.h. Das Schiff (in diesem Fall „die Nussschale") ist an einer Stahltrosse befestigt und schafft es allein durch die Strömung des Flusses und das richtige Ruderlegen auf die andere Seite zu kommen.

Da wir am Bodensee unter dem Begriff „Fähre" andere Kaliber gewöhnt waren, kam es doch überraschend für uns, dass wir mit einem „Beiboot" auf der Weser die Uferseite wechselten.

Wieder in angenehm zügiger Fahrt ging es nun auf der linken Uferseite auf gut asphaltierten Radwegen weiter. Wir waren an keiner festen Stelle mit meiner Mutter verabredet und so rief sie mich irgendwann auf dem Handy an, dass sie eine gemütliche Rastmöglichkeit in Wehrden gefunden hatte.

Wir brauchten allerdings noch etwas Zeit, um uns durch die doch nun immer mehr werdenden Eintagsradler zu manövrieren. Es war doch etwas verwunderlich, dass so viele Radler bei diesem am Vormittag immer noch nasskaltem Wetter unterwegs waren.

Der Wind wurde auch immer kräftiger und wechselte häufig die Richtung. Hatten wir anfangs den Wind noch weitestgehend von hinten (leider durch die Bäume am Straßenrand nicht voll zur Geltung gekommen), so bekamen wir nun immer wieder auch mal von vorne etwas Luft zu geblasen.

Als mein Vater schon wieder losfahren wollte, meinte ich noch, dass ich lieber die dunkle Wolke, die sich uns gerade näherte, noch abwarten wollte. Doch wir fuhren los. Keine 500 Meter weiter ging dann der Regen los. Wir suchten mit anderen Radlern Schutz unter ein paar Bäumen und warteten den kurzen Schauer ab. Nach 5 Minuten ging es dann weiter.

Mein Tacho hatte während der Pause „Batterie fast leer" angezeigt und so hatte ich meiner Mutter mit auf den Weg gegeben, in Holzminden nicht nur ein schönes Plätzchen zur Mittagsrast zu finden, sondern auch einen Fahrradmechaniker, der mir eine neue Batterie verkaufen könnte.

Wir waren noch nicht ganz in Höxter, als ich auch schon den Anruf meiner Mutter bekam, dass sie beides direkt nebeneinander in Holzminden gefunden hatte. Wie praktisch!

Von der Innenstadt von Höxter bekamen wir nichts mit, da der Radweg direkt an der Weser am Stadtzentrum vorbeiführte. Besonders schön war dagegen direkt vor Höxter noch eine große Campinganlage mit Badesee/-strand und weitläufigem Freizeitangebot.

Eigentlich war Holzminden nicht mehr weit, aber da wir an einer Stelle uns für zwei Richtungen in die gleiche Stadt entscheiden konnten, blieben wir auf dem Radweg. Hätte ich lieber mal in mein Radtourbuch geschaut, denn dort wäre zu sehen gewesen, dass die Weser zwei weitläufige Schleifen machte, die wir nun teilweise komplett gegen den Wind fahren mussten.

Doch auch dies war irgendwann geschafft und wir radelten in Holzminden über die Weserbrücke, von der wir schon meine wartende Mutter sehen konnten. Zuerst hielt ich bei dem Fahrradmechaniker, der mir nicht nur eine Batterie verkaufte, sondern diese auch gleich an meinem Fahrradtacho austauschte.

Eigentlich wollte ich ihm den Tacho nur zeigen, damit er sehen konnte, welche Batteriegröße ich benötigte, aber der Mann hatte so flinke Finger, dass er gleich einen Austausch vornahm. Natürlich waren somit meine gesamten Daten gelöscht.

Zumindest half er mir noch die genaue Radgröße zu ermitteln. Zum Glück hatte ich kurz bevor ich vom Rad gestiegen war noch schnell den Kilometerstand aufgerufen und so konnte ich vermerken, dass ich von Hann. Münden bis Holzminden exakt 82 Kilometer gefahren war.

Gleich neben dem Fahrradmechaniker und seiner Bude war eine bessere Imbissbude mit schönen Holzbänken um im Freien zu essen. Es war 13:00 Uhr und wir machten ausgiebig Pause, um wieder neue Kräfte zu sammeln. Einige Jahre später hielt ich auf einer Motorradtour mit meiner Frau auch genau an dieser Imbissbude an, um ordentlich zu vespern.

Leider hatte ich bereits viel Kraft gebraucht, um auf meinen Vater mit seinem schnelleren Fahrrad heute Morgen wieder aufzuschließen. Als wir gegen 13:45 Uhr dann weiter fuhren, lief es plötzlich nicht mehr so rund für mich. Der Wind hatte gedreht und wir bekamen diesen nun voll von vorne ins Gesicht geblasen. Auch dies förderte nicht wirklich die Kilometerleistung. Ganz im Gegenteil. Hatten wir vor der Mittagspause noch einen ordentlichen Schnitt gefahren (Gott alleine weiß wohl noch wie schnell), baute ich nun zusehend ab. Während ich hinter meinem Vater keinen Windschatten finden konnte, hätten hinter mir zwei Leute nebeneinander in meinem Windschatten fahren können.

Wir waren in Bodenwerder (ca. 25 km hinter Holzminden) wieder mit meiner Mutter verabredet. Doch nach etwa der Hälfte des Weges benötigte ich noch eine kleine Pause, in der ich die Reste meiner Trinkflasche ausnuckelte. An meinem Rucksack hatte ich immer zwei weitere Trinkflaschen befestigt, doch der lag nun, was natürlich auch ein Vorteil war, im Auto.

Bald fuhren wir dann doch wieder weiter und ich hangelte mich einen kleinen Anstieg hoch Bodenwerder entgegen. Plötzlich kam ich mir jedoch veräppelt vor. Hatten eben noch 12 Kilometer bis Bodenwerder auf dem Schild gestanden, waren 3 Kilometer weiter (wir haben uns definitiv nicht verfahren) plötzlich 15 Kilometer bis Bodenwerder aufgerufen! Das ist nun auch eine Art und Weise, wie man jemanden demotivieren kann…

Als wir endlich Bodenwerder erreicht hatten waren dann auch 112 Kilometer auf meinem Tacho, bzw. errechnete 112 Kilometer angezeigt. Wir machten von 15:30 Uhr bis 16:15 Uhr in einem kleinen Café Pause um, dann die letzten Tageskilometer anzugehen.

Eigentlich wollten wir noch bis kurz vor Hameln kommen, aber überraschender (?) Weise hatte sich meine Mutter verfahren und stand plötzlich nach einer Kurve vor uns an einem Fährübergang. Gerade hatte ich zu meinem Vater noch gesagt, dass es nur noch 4 km bis zum vereinbarten Treffpunkt seien, als wir auch schon unser Zusammentreffen hatten.

Kurzentschlossen fingen wir spontan an ein Hotel für die Nacht zu suchen. Erfahrungsgemäß sollte man zwar bereits gegen 15:00 Uhr mit der Hotelsuche beginnen, aber dadurch, dass wir ein Auto dabei hatten, konnten wir zur Not auch einige Kilometer entfernt ein Hotel nehmen.

Es kam auch so, dass die ersten Hotels bereits schon ausgebucht waren. Allerdings hatten wir dann doch noch Glück bei einem Hotel auf der anderen Uferseite in Grohnde. Das eigentliche

Hotel hatte zwar Ruhetag, aber die Pächterin brachte uns bei sich privat in zwei schönen Zimmern mit Fernsehern unter. Naja, mein Zimmer war schön (mit Aussicht auf das nahe Kernkraftwerk) und hatte einen funktionierenden Fernseher...

Wir beschlossen den Abend in einem von einem Türken geführten griechischen Restaurant bei gutem Essen und von mir wieder einmal freiwillig versalzener Tomatensuppe.

Kilometer heute:127 km Schnitt: 18,5 km/h (ca.!?)
Fahrzeit: ? (leider)

2. Tag von Grohnde nach Petershagen

Pünktlich um 7:00 Uhr erwachte ich aus meinen sanften Träumen in einem großzügigen französischen Bett und konnte alsbald den Tag beginnen. Das Frühstück war im nicht weit entfernten Hotel vorbereitet, in dem ich auch meine Wasservorräte ergänzen und die Toilette einem Härtetest unterziehen konnte.

Um 8:00 Uhr war es dann soweit, dass wir endlich aufbrechen konnten. Keine 500 Meter weiter hielten wir direkt am AKW unter einer Brücke, um die Regenjacken anzuziehen. Wir waren mit meiner Mutter an einer ca. 3 Kilometer entfernten Tankstelle verabredet, da mir aufgefallen war, dass an meinem Auto das linke Hinterrad kaum noch Luft hatte.

Wir kamen auch bald an. Nachdem wir die Luft aufgefüllt und die Regenjacken wieder ausgezogen hatten, ging es endlich weiter. Im Berufsverkehr fuhren wir entlang der

Bundesstraße B83 nach Hameln ein. Leider war um die Uhrzeit noch nicht sehr viel auf der Uferpromenade los, außer den stinkenden Abgasen der Berufspendler, und so ließen wir die sicherlich sehr schöne Uferpromenade von Hameln schnell hinter uns.

Sobald die letzten Häuser hinter uns verschwunden waren und wir zwischen den Feldern weiter den Weserradweg entlangfuhren, der auch hier meist sehr ordentlich angelegt ist, blies uns ein kräftiger Wind von vorne ins Gesicht.

Es war wie gestern auch schon ein nasskalter Tag. Auch heute fuhr ich wieder mit T-Shirt über dem Fahrradtrikot, um mich gegen die Kälte (12°C) zu schützen. Aus Prinzip, es ist ja schließlich Sommer, verzichtete ich auf lange Klamotten und trotze den Verhältnissen.

Es ging nur langsam vorwärts, da uns Windböe um Windböe, unterbrochen nur von starkem Gegenwind, ins Gesicht schlugen.

In Großenwieden hatten wir uns mit meiner Mutter zum zweiten Frühstück verabredet. Doch es zog sich ewig, bis wir endlich da waren. Um 10:00 Uhr nach nur 32 Kilometern machten wir dann endlich am Fähranleger (die Fähren waren hier schon gewachsen und verdienten langsam auch den Namen) Rast. Ein anderer Tourenradfahrer gesellte sich zu uns und wartete nun wie wir den unmittelbar nach unserer Ankunft einsetzenden Regenguss ab.

Da die dunklen Wolken nicht abreißen wollten, beschlossen wir in einer Regenpause weiter zu radeln. Man ist ja nicht aus Zucker! Der Weg führte uns weiter entlang der Weser in Richtung Rinteln, das wir auch bald darauf erreichten. Zum Verdruss mit dem Wetter muss man sagen, dass dafür die Radwege in einem guten Zustand waren und bei ordentlichen äußeren Bedingungen sicherlich viel Spaß beim Radeln vermittelt hätten.

In Eisbergen waren wir wieder mit unserem „Servicefahrzeug" verabredet und so sputeten wir uns auch dort hin zu kommen. Obwohl uns in Rinteln die eine oder andere Ampel einen Streich spielte, kamen wir trotz (ich sag es immer wieder, weil es nervt!) Gegenwind gut voran.

Kurz vor Eisbergen setzen wir sogar zu einem Sprint an, da die ersten Tropfen einer riesigen schwarzen Wolkenfront uns bereits trafen. An unserem ersten Zufluchtsort wollte ich per Handy meine Mutter noch hin dirigieren, doch sie sagte, dass sie nur kurz hinter einer Kurve ca. 300 Meter entfernt von uns wartete. Diese läppische Entfernung ertrugen wir auch im Regen.

Über eine Stunde dauerte der Regenguss, den wir unter meiner Kofferraumklappe überstanden.
Da uns die meisten Tropfen verfehlt hatten und so viel auch gar nicht mehr oben sein konnte, fuhren wir dann endlich weiter. Zwar mit Regenjacke, aber man konnte fühlen, dass es noch ein wärmerer Tag werden würde.

In Bad Oeynhausen waren wir bei meiner Tante zum Mittagessen um 13:00 Uhr verabredet und so sollte meine Mutter an der Personenfähre in Bad Oeynhausen warten.

Wir kürzten bewusste den Radweg etwas ab, da laut Karte über Vlotho einige Steigungen vor uns lagen. Die Alternativroute über Holtrup zeigte nur eine leichte Steigung an. Allerdings verlief die Steigung über eine Distanz von 5-6 Kilometern. Nicht steil, aber ewig lang eben. Immer wenn ich mich endlich auf eine Abfahrt freute, kam die nächste langgezogene, leichte Steigung.

Doch auch dieses Spielchen hatte irgendwann ein Ende und wir fuhren unter der Autobahn die 2,5 Kilometer bis zur Fähre.

Als wir ankamen erlebten wir eine Überraschung: Auf einem DIN A 4 Blatt stand dort kurz und bündig geschrieben, dass die Fähre heute nicht fährt. Aus Frust schoben wir eine Pinkelpause ein und radelten wieder zurück zur Autobahnbrücke, über die ein Radweg angelegt war. Wir bogen um die Ecke und sahen auch schon meine Mutter und Ihre Schwester warten.

Doch sie warteten nicht unbedingt jetzt schon auf uns, sondern auf den ADAC. Meine Mutter hatte in ihrer vollen Ausschöpfung der weiblichen Autofahrkünste mein Auto für das linke Hinterrad schonend eingeparkt.

Als der gelbe Engel alsbald ankam meinte sie zu ihm nur, dass er eine Viertelstunde früher hätte kommen sollen, da mein Vater und ich davon dann nichts mitbekommen hätten. Für mich stellt sich nun aber die Frage, wie oft sie den ADAC bereits in den letzten Tagen gebraucht hatte. Wenigstens kannte der ADAC-Fahrer meine Mutter noch nicht beim Namen, was meine Vermutung sonst unterstützt hätte.

Obwohl es ein jämmerlicher Anblick ist, das eigene Auto im Graben zu sehen, machte ich meiner

Mutter keine Szene, was konnte sie auch zu ihren genetisch (weil weiblich) unterentwickelten Fahrkünsten ;-)

Wenigstens hatte sie ein schlechtes Gewissen und das würde ich wohl noch die nächsten Jahre ausspielen können, wie damals, als sie die für mich bestimmte Pizza einfach irgendwelchen Handwerkern schenkte, die somit auf das von Ihren Frauen liebevoll zubereitete Sandwich verzichten mussten... Aber das ist eine andere Geschichte.

Durch dieses Missgeschick, fuhren wir (ich saß natürlich am Steuer) die drei Kilometer zu meiner Tante, die bereits das Essen vorbereitet hatte. Wir machten Pause von 13:30 Uhr bis 15:30 Uhr, wobei mein Vater laut schnarchend die Betten meiner Tante testete.

Laut Planung sollte Bad Oeynhausen Etappenzielort sein, Aber da die 100 Tageskilometer noch nicht voll waren (erst 67 km), ging es noch weiter. Wir waren nun gut ausgeruht und düsten förmlich Richtung Minden weiter. Eine ganz seltene Phase mit Rückenwind ermöglichte uns bis Minden ein sehr rasches Vorwärtskommen.

Am schönen Mindener Weserufer entlang steuerten wir auf das Wasserstraßenkreuz zu und hasteten unter der Trogbrücke in Richtung auf die Schachtschleuse. Ein paar Baustellenschilder störten uns nicht weiter. Erst als wir direkt am Ende der Baustelle durch den Bauzaun nicht durchkamen, mussten wir wieder zurück und außen herumfahren.

Mir waren zwar schon Umleitungsschilder aufgefallen, aber nirgendwo war zu lesen, ob die Schilder uns betrafen oder einen anderen Radweg. Und ausgerechnet das Schild vor der Trogbrücke hatte auch gefehlt. So hatten wir das zweite Mal an diesem Tag einen unverschuldeten Umweg zu fahren.

An der Schachtschleuse warteten meine Mutter und meine Tante bereits auf uns. Ich genehmigte mir einen Schluck aus der Pulle und schon ging es rasant weiter Richtung Petershagen. Dieses Mal zog sich der Radweg direkt an der Weser schnurgeradeaus weiter. In Petershagen führte der Radweg dann auf einem stillgelegten Bahngleis auf glatter Asphaltdecke durch den Ort.

Da die 100 Kilometer auch am Ortsende von Petershagen noch nicht ganz geschafft waren, radelten wir immer weiter. Erst in Ovenstädt hielten wir mitten im Ort bei genau 101 Tageskilometern um 17:00 Uhr. Für meinen Vater war hier und jetzt die Tour beendet. Unser Begleittcam hatten wir bereits bestellt und es traf zeitgleich mit uns am Etappenziel ein.

Es war ein anstrengender und zeitweise ungemütlicher Fahrradtag, der nun versöhnlich auf der Terrasse meiner Tante nach einem freudigen Besuch meiner Lieblingsoma (leider habe ich nur noch die eine!) beschlossen werden konnte.

Kilometer heute: 101 km; Kilometer insgesamt: 228 km; Schnitt: 18,35 km/h; Fahrzeit: 5:30 Std.

3. Tag von Petershagen nach Achim

Wie inzwischen gewohnt war die Aufstehzeit wieder 7:00 Uhr (und das soll Urlaub sein…). Nach kurzem Frühstück fuhren meine Mutter und meine Tante mich wieder nach Ovenstädt. Mein Vater dürfte noch im Bett bleiben, da mein Auto wegen der Fahrräder nur mit 3 Sitzplätzen ausgestattet war. Auf dem Rückweg gestern hatte es sich meine Mutter schon auf dem Boden bequem machen dürfen und wurde mit den Füßen zuerst aus dem Auto gezogen. (Das zweite Mal, dass ihr das passiert dauert hoffentlich noch viele Jahrzehnte!)

Um 8:10 Uhr begann nun für mich die restliche Tour und Solofahrt. Es war wiedermal nasskalt (12°C) und ich kämpfte mich entlang der Landstraße die erste Stunde (rund 25 Kilometer) bis Stolzenau.

Weiter führte der Radweg nun durch Niedersachsen. Teilweise war die Qualität der Wege ähnlich schlecht wie im letzten Jahr in Sachsen-Anhalt an der Elbe. Sand und großes Kopfsteinpflaster war immer wieder in den Weser-Radweg eingeflochten. Dazwischen waren dann wieder gut asphaltierte Wege, die auch manchmal die begleitende Straße darstellten, die durch Kies- und Sandabbaubetriebe führten.

Natürlich kam auch heute der Wind wieder von vorne, aber zum Glück setze dieser erst am späten Vormittag richtig ein.

Der Radweg führte durch die Botanik in Richtung Nienburg. Ich ahnte noch nicht, dass die Einsamkeit in der Botanik immer größer wurde. In Nienburg machte ich aber vorab noch auf einem

belebten Platz in der Innenstadt nach 40 Kilometer um 10:00 Uhr Pause und aß meine mitgenommenen Wurstbrote.
Als ich die Stadt verließ, verließ ich auch die Zivilisation. Jedenfalls hatte ich diesen Eindruck. Immer wieder wechselten sich sehr schlechte Radwege mit wiederum gut befahrbaren Straßen ab. Die einzige Konstante war der Gegenwind.

Kurz vor Drakenburg wechselte ich wieder auf die andere Weserseite (westlich) und kam wieder gut voran bis zum Schleusenkanal. Hier war wieder grobes Kopfsteinpflaster auf dem Radweg verlegt. Fast stürzte ich, als ich bei einem unleserlichen Radwegschild anhielt.

In Hoyer machte ich dann endlich nach 66 Kilometern von 12:30 Uhr bis 12:50 Uhr meine Mittagspause an einer Tankstelle.

Dann quälte ich mich weiter durch die Botanik und den Gegenwind. Waren kurz vor der Mittagspause noch einige Tagestourenfahrer unterwegs, waren diese nun wieder völlig verschwunden.

Mitten in der größten Botanik stand plötzlich ein Haus mit vielen roten Herzen im Fenster an der linken Seite. Ich glaube kaum, dass die mir eine Cola spendiert hätten… Ich fuhr weiter bis ich irgendwann an einem Sperrwerk stand.

Vor einigen Kilometern hatte ich mal ein Schild gelesen, dass Fahrradfahrer mit Anhänger einen anderen Weg einschlagen mussten, jetzt wusste ich auch warum. Um über das Sperrwerk Dörverden zu kommen, mussten 32 steile Stufen erklommen werden und auf der anderen Seite ebenso viele wieder herab. Da das Wetter wieder stark nach Regen aussah, beschloss ich direkt am Sperrwerk in einer kleinen Pausenhütte Rast zu machen.

Da es doch nicht regnen wollte, konnte ich wieder weiterfahren. Mein Tagesziel war heute laut Plan Verden. Ich war aber noch so früh dran, dass ich auf jeden Fall noch weiterfahren wollte. Bei Achim war ein kleiner Ort namens „Baden" in meiner Karte verzeichnet und als Wahlbadener war dies natürlich ein verlockendes Etappenziel.

Doch erst lag noch Verden vor mir. Direkt am Ortseingang winkte mir ein übermäßig vollgepackter Rennradfahrer zu. Unter seinem Helm, Stirnbändern und Sonnenbrille lugte ein kleiner Japaner hervor, der mich auf irgendeiner Sprache (etwas Englisch war wohl dabei) fragte, wo es weiter ging.

Ich probierte erst mal heraus zu bekommen, wohin er überhaupt wollte. Er hatte keine Karte dabei, hatte aber auf einem Stück Papier ein paar japanische Schriftzeichen notiert und ein paar deutsche Ortsnamen „gemalt". Er wollte nach „Seiki" (Syke). Erst als ich ihm auf der Karte beweisen konnte, dass Syke nicht an der Weser lag (sein oberstes Ziel war der Weserradweg bis Bremerhaven), konnte ich ihn überzeugen direkt nach Bremen zu fahren.

Wir verständigten uns, dass wir zusammen weiterfahren wollten. Er blieb erst dicht hinter mir und so kamen wir in die Stadt Verden. Allerdings hielt er am ersten asiatischen Imbiss/Restaurant an, um Pause zu machen. Ich sagte ihm, dass ich aber weiterradeln wollte und so verabschiedeten wir uns nach 3 Kilometern gemeinsamer Fahrt wieder. Er wollte mir noch ein Fähnchen schenken, von denen er einige mitschleppte, aber ich konnte ihm klar machen, dass ich keine Möglichkeit hatte dieses am Fahrrad zu befestigen.

Inzwischen war das Wetter recht warm geworden und die Wolkendecke hatte sich aufgelockert. Achim und somit Baden lagen vor mir. An einer Straßenkreuzung rief ich die einzige in meinem Radtourbuch vermerkte Pension an und hatte auch gleich Glück, dass noch ein Zimmer frei war. Während des Gesprächs erwähnte ich auch, dass ich noch ein paar Kilometer bis Baden vor mir hatte. Mein Herbergsvater meinte aber, dass das kein Problem wäre und das Zimmer für mich reserviert sei.

Kurz vor Baden verließ ich den derzeit guten Radweg und fuhr den Hügel hinauf nach Baden. Mitten im Ort fragte ich dann an einer Tankstelle nach meiner Pension, aber keiner kannte sie. Auch der Straßenname war gänzlich unbekannt. Also rief ich wieder bei meiner Pension an und es stellte sich heraus, dass mein Pensionszimmer auf der anderen Seite von Achim in Bierden lag. Naja, ich wollte mich nicht ärgern, da ich einfach zu platt dafür war. Hauptsache ein Zimmer und was macht das schon, dass ich wieder ein paar Kilometer in die zumindest richtige Richtung fahren musste. Zu weit wollte ich heute noch nicht kommen, da ich am nächsten Tag bei meiner Freundin in Bremen/Blumental verabredet war.

Durch den Stadtverkehr von Achim quälte ich mich durch und musste immer wieder Glasscherben ausweichen, die irgendwelche Halbstarken an Bushaltestellen auf den Boden gepfeffert hatten.

Endlich erreichte ich meine „Pension", da die Wegbeschreibung recht ordentlich war. Doch was wieder nicht passte war der Begriff „Pension". Vielmehr handelte es sich um ein Privatzimmer. Aber, wie erwähnt, ich war platt und wollte auch nicht mehr suchen, geschweige mich noch streiten.

Die Eigentümerin war nett und das Zimmer war sehr großräumig mit Fernseher. Mehr wollte ich heute nicht mehr. Zum Abendessen suchte ich nur noch einen kleinen Imbiss um die Ecke auf und machte es mir vor dem Fernseher im Bett gemütlich.

Kilometer heute: 110 km; Kilometer insgesamt: 338 km;   Schnitt: 17,6 km/h; Fahrzeit: 6:14 Std.

4. Tag von Achim nach Bremen
Extra für mich war meine Herbergsmutter um 8:00 Uhr mit mir am Sonntagmorgen aufgestanden, um mir das Frühstück zu zubereiten.

Da ich heute nur eine Halbtagstour vor mir hatte, wollte ich nicht schon wieder um 7:00 Uhr aufstehen. So kam ich heute erst gegen 8:45 Uhr los. Ich merkte schon auf den ersten Metern, dass mir die Motivation fehlte aufs Tempo zu drücken.

Es war heute der erste Tag auf der Tour, an dem ich kein T-Shirt über meinem Trikot tragen musste. Es war schon verhältnismäßig warm in der Sonne. So schlängelte ich mich die nächsten Kilometer bis Bremen voran. Nicht zu erwähnen brauche ich ja, dass mir der Gegenwind abermals kräftig ins Gesicht blies. Ich versuchte es mir so zu erklären, dass ich mich ja wohl der Küste näherte. Die Weser hatte bei Verden/Achim ihre letzte bedeutende Richtungsänderung vorgenommen und hielt nun direkt auf die Nordsee zu.

Die Fliegen und Mücken flogen immer noch recht tief, was darauf schließen ließ, dass der Regen wohl noch nicht ganz vorbei war. Ich hatte gerade die ersten großen Industrieanlagen (Jacobs Kaffee u.ä.) passiert und freute mich schon darauf das Weserstadion zu sehen, als mich auch schon die ersten Tropfen erwischten. Doch anstatt mir meine Regenhaut überzuziehen, wartete ich erst darauf, dass der Regen stärker werden würde. Doch das wurde er nicht. Im Gegenteil, langsam wurde das Wetter besser.

Nachdem ich mich bis an die Promenade im Zentrum geschleppt hatte, ich war heute wirklich desolat schlecht drauf, suchte ich mir eine Bank an der Marina Bremen und verschnaufte erst mal. Ich hatte gerade mal läppische 25 Kilometer auf dem Tacho. Eigentlich noch viel zu wenig für eine erste Pause, doch da ich sowieso heute nicht sehr weit fahren würde, war es mir egal.

Ich wechselte wieder auf die andere Weserseite und fuhr nun durch Woltmershausen. Wieder erwischten mich einige Regentropfen, aber diese waren die letzten auf dieser Radtour. Das Wetter wurde deutlich besser und wärmer.

Es ging vorbei an den großen Industriehäfen. Zwei Kilometer schnurgerade aus. Bis ich wieder ans Weserufer kam.

Der Sporthafen Hasenbüren war gerade im Begriff aufzumachen, als ich schon den ersten Platz auf der Terrasse in der Sonne für mich beanspruchte und einen heißen Kakao bestellte. Zu diesem Zeitpunkt war ich gerade mal 10 Kilometer seit meiner letzten Pause an der Marina Bremen gefahren.

Nach weiteren 2 Kilometern hielt ich erneut, um an einer Fischbude am Ochtum Sperrwerk eine Cola zu trinken. Es war ein nettes Gespräch mit dem Fischbrötchenverkäufer, das ich sehr genoss, da ich in dieser Zeit nicht in die Pedale treten musste. Doch auch hier ging es bald weiter.

Nachdem ich auch Lemwerder hinter mir gelassen hatte, waren es nur noch wenige Kilometer bis zur Ganspe-Fähre, mit der ich übersetzen wollte. Bis dorthin fuhr ich aber noch durch einige sehr schöne Straßen mit urigen Häusern, die mit Reet bedeckt waren. Auch an einem „Melkhus" kam ich vorbei, in dem man frische Milchprodukte verzehren kann. Aber ich wollte nicht schon wieder anhalten und fuhr somit weiter.

Am Wegesrand lagen jetzt die riesigen Hallen von Schiffswerften, die mich fast bis Ganspe begleiteten.
Pünktlich zum Mittagessen verließ ich die Fähre in Rönnebeck und legte die letzten paar hundert Meter fast im Sprint zurück um endlich mein Tagesziel und meine Freundin zu erreichen. Ankunft um 12:30 Uhr.

Kilometer heute: 54 km; Kilometer insgesamt: 392 km; Schnitt: 16,6 km/h; Fahrzeit: 3:15 Std.

5. Tag von Bremen nach Altenbruch

Heute musste ich ja recht gut ausgeruht sein, da ich Gestern nur eine „Halbtagstour" hinter mich gebracht hatte. Und so war es auch. Frisch und munter verließ ich um 7:40 Uhr mit den Kindern das Haus und fuhr erst mal in gemütlichem Tempo zur Fähre Farge, mit der ich wieder auf das andere Ufer übersetzen wollte. Pünktlich um 7:45 Uhr legte die Fähre auch mit mir ab.

Auf der anderen Uferseite hetzte ich auch sofort in Richtung Radweg und schlug ein hohes Tempo an.
Welch Wunder, die Sonne schien und ich hatte Rückenwind. Ein ganz neues Bild für mich, aber ich nahm es dankbar an.

Unterhalb des Deichs entlang fuhr ich wieder durch schöne Häuserreihen, die wie tags zuvor mit Reet bedeckt waren. So kam ich gut voran und hatte auch gleichzeitig noch was zu sehen. Auch an einem „Melkhus" kam ich wieder vorbei. In diesem „Melkhus" war ich auch Jahre später immer wieder mal zu Gast.

In mitten einer dieser Häuserreihen teilte sich der Radweg. Da die Fahrradschilder zwar aufgestellt, aber leider durch das Wetter dermaßen verwaschen waren, konnte man keine Buchstaben erkennen. Ich entschied mich für den rechten Weg, da ich ja an der Weser bleiben wollte.

Trotz inzwischen mehrerer Tausendkilometer Radtourenerfahrung unterließ ich es in das Tourenbuch zu schauen und sauste die nächsten 3,5 Kilometer mit ordentlichem Rückenwind auf dem gut asphaltierten Weg voran. Vielleicht hätte es mich stutzig machen sollen, dass auf der linken

Seite große Schiffe lagen und voraus ein Bauwerk in den Himmel zeigte, aber wahrscheinlich aufgrund der frühen Stunde dachte ich nicht weiter darüber nach.

Erst ca. 500 Meter vor dem Huntesperrwerk registrierte ich, dass dieses offen stand und eine Überfahrt nicht möglich war. Da ich nun aber schon so weit in die falsche Richtung unterwegs war, wollte ich nun doch schauen, ob es vielleicht eine Möglichkeit gab, doch das Sperrwerk zu überwinden.

Leider zeigte mir ein Schild, dass nur alle volle Stunde das Sperrwerk kurz geschlossen wurde und Radfahrer dieses passieren konnten. Es war 8:15 Uhr und ich hatte keine Lust zu warten. Auf meine eigene Blödheit sauer wendete ich das Fahrrad und strampelte nun gegen den Wind die 3,5 Kilometer zurück.

Die Umleitung hatte es aber auch in sich. Erst verengte sich der Weg auf eine Fahrradspurbreite und anstatt ordentlich geteert zu sein, waren einzelne Teerflecken aneinandergereiht. Da es auch noch zum Bahndamm hochging, viel das fahren doppelt schwer.

Auf einer Bahnbrücke ging der (offiziell ausgeschilderte) „Fahrradweg" über einen Seitenarm (Brackwasser!). Die Überführung war so schmal, dass ich meine Hände auf die Innenseite des Lenkers legte. Diese Idee war gar nicht so schlecht, da ich sogar zweimal mit dem Lenker an das Metallgeländer stieß.

Nach ca. 100 Metern war die Brücke überwunden und der Fahrradweg wurde wieder breiter. Ich rollte in Elsfleth ein und stand schon wieder vor einer Entscheidung rechts oder links herum. Da mir vorher rechts herum kein Glück gebracht hatte, entschied ich mich dieses Mal für links herum. Allerdings machte es keinen Unterschied, da die beiden Wege nach ein paar hundert Metern wieder zusammen kamen.

Als ich dann auf der anderen Seite des Huntesperrwerks vorbeikam, sah ich auf die Uhr und merkte, dass ich 30 Minuten Zeit verloren hatte. Es war 8:45 Uhr. Da ärgern und meckern nichts brachte, sondern nur Kraft und Energie kostete, fuhr ich weiter. Vor mir lag Brake. Ich bekam gar nicht so viel von der Größe der Stadt mit, da der Fahrradweg entlang der Eisenbahnschienen auf das Stadtzentrum führte.

Erst nachdem ich über eine Bahnbrücke gefahren war und direkt am Bahnhof stand, merkte ich, dass ich in Brake und fast auch schon wieder durch war. Eigentlich wollte ich mir an einer Bäckerei Frühstück holen, aber da ich dank des Rückenwindes so schnell war, wollte ich nicht absteigen.

Der Weg führte mich nun wieder unterhalb des Deichs weiter Richtung Wesermündung. Hätte ich mir Zeit genommen, hätte ich wohl das Meer schon riechen können.

Zuerst roch es aber nach Kläranlage und dann umrundete ich wieder mal ein Kernkraftwerk. Bald müsste ich wohl auf meinen Fahrradtouren sämtliche deutschen AKWs gesehen haben...

In Nordenham hielt ich kurz auf ein paar Schluck aus der Pulle an. Während der Fahrt konnte ich

nur aus meiner 0,75 Liter Nuckelflasche trinken, die ich regelmäßig mit Leitungswasser füllte. Meine Cola-Flasche, die ich auch immer mit Leitungswasser gefüllt hatte, und die beiden Reserveflaschen an meinem Rucksack konnte ich nur leeren, wenn ich dazu anhielt. Aus diesem Grund hielt ich auf der gesamten Tour öfters mal für wenige Minuten an, damit ich meine Nuckelflasche immer für Notfälle (Mücke verschluckt) zur Verfügung hatte.
Nach Nordenham zog es sich dann bis zur Weserfähre. Wahrscheinlich kam es mir aber auch nur so lange vor, da ich endlich Bremerhaven erreichen wollte.

Direkt an der Fähre kaufte ich mir noch schnell ein paar Schokoriegel, die mein Frühstück und Mittagessen darstellten. Ich rollte gerade zum Schlagbaum, als der sich bereits öffnete und ich ohne anzuhalten auf die Fähre fahren konnte.

Auf der Überfahrt genoss ich dann den Blick auf Bremerhaven und dezimierte meine Schokoriegel. Die Fahrt dauerte nicht lange und die Fähre entließ mich fast im Stadtzentrum von Bremerhaven auf großem, schier nicht zu befahrendem Kopfsteinpflaster.

Ein paarmal ging es um Ecken und Ampeln bis ich vor dem Columbus-Zentrum stand. Hier kannte ich mich aus, da ich in diesem Jahr bereits zweimal in Bremerhaven war. So radelte ich auf der Hauptstraße weiter, immer darauf bedacht, dass ich einen großen Bogen um die Industriehäfen machte.

Leider ließen meine Ortskenntnisse je weiter ich das Stadtzentrum verließ immer mehr nach und ich kam durch Stadtviertel, die mir gänzlich unbekannt waren. Nur nach der groben Himmelsrichtung orientierte ich mich, da mein Kartenbuch auch keine Ausführungen in dieser Ecke mehr hatte. Durch eine Art Auenwald kam ich dann wieder auf eine Hauptstraße, auf der ich ein Hinweisschild in die nächste auf meiner Karte vermerkte Ortschaft (Weddewarden) fand.

Freudig stieg ich in die Pedale. An den Ausläufern der Industriehäfen vorbei, eröffnete sich mir gleich nach dem Ortsschild wieder eine schöne Radler-Landschaft unterhalb vom Deich. Spaßeshalber fuhr ich aber den Deich hoch und hatte einen wunderbaren Blick auf den Containerterminal.

Nun nutzte ich aber wieder den perfekten Rückenwind aus und brauste mit hohem Tempo in Richtung Cuxhaven, das nur noch rund 50 Kilometer entfernt war. Das behaupteten jedenfalls die Schilder.

Nach einigen Kilometern sah ich hinter dem Deich ein größeres Hausdach. Neugierig wie ich nun mal war, erklomm ich abermals den Deich und stand vor einem sehr schönen Hotel und Campingplatz von Wremen. Hier nutzte ich die Gelegenheit auf einer Bank den Blick zu genießen und ein paar Schlucke aus der Pulle zu fassen.

Auch konnte ich es hier nicht lassen einen Kontrollanruf zu Hause zu tätigen und mit meinem schönen Rastplatz anzugeben. Es war gerade 12:30 Uhr und ich hatte bereits 76 Kilometer auf dem Tacho. In der Ferne konnte man noch den Containerterminal sehen und auf der Nordsee kamen schon die nächsten Ozeanriesen angeschippert.

Lange hielt ich mich aber nicht auf und sauste weiter. Nach wieder ein paar Kilometern kam ich nun zu einem Gatter, welches den Radweg versperrte. Diese Art von Gattern kannte ich aber bereits von meiner Elberadtour des Vorjahres und wusste wie diese zu bedienen waren. Also fuhr ich nun durch eine Herde Kühe, die mich verdutzt angafften während ich an ihnen vorbeieilte.

Es war inzwischen richtig warm geworden (29°C waren angesagt) und die Sonne brannte mir auf den Rücken. Eigentlich unerwartet in diesen fast schon südskandinavischen Ausläufern…

Langsam meldete sich wieder mein Magen und ich hielt Ausschau nach einer Imbissbude. Da kam mir Dorumer-Neufeld gerade richtig. Ich musste nur schnell wieder über den Deich fahren und schon war ich direkt am Hafen. Es war Ebbe und die Schiffe waren mehr oder weniger gefangen. Ein „kulinarisches Dorf" war direkt am Hafenplatz aufgebaut.

Da man in dieser Gegend nun mal fischige Wasserleichen isst, gönnte ich mir ein Krabbenbrötchen. Dazu gab es ein alkoholfreies Weizenbier. Auch hier verweilte ich nicht länger als nötig und strebte den nächsten Kilometern entgegen. Ich kam aber keine 10 Kilometer weiter, als ich eine so verlockende Gartenwirtschaft entdeckte, in der ich unbedingt ein weiteres alkoholfreies Weizenbier trinken musste.

Ein älteres Ehepaar saß am Nachbartisch und wir kamen ins Gespräch. Es waren Tagestouristen aus Cuxhaven, die den Weg bis hierher geschafft hatten. Also konnte es nicht mehr so weit sein.

Irgendwie erzählte der Mann, dass er ständig Rückenwind hatte. Erst als ich seine Batterie am Fahrrad sah, verstand ich, dass er ein „Bescheißer-Fahrrad" fuhr.

Ich fuhr nun in freudiger Erwartung weiter, da ich gerne die berühmte Kugelbarke in Cuxhaven wiedersehen wollte. Vor rund 15 Jahren war ich das letzte Mal in Cuxhaven gewesen und hatte damals nicht ganz so viel für Sehenswürdigkeiten übrig.

Als ich durch Berensch fuhr, sprang mein Kilometerzähler auf 100. Die Tagespflicht war somit erfüllt. Alles Weitere war Bonus. Ich wollte aber noch bis Wischhafen kommen, welches ungefähr in der Mitte zwischen Cuxhaven und Stade lag. Doch exakt beim 101. Kilometer passierte es. Mein rechtes Kugellager vom Pedal gab den Geist auf und das Pedal drehte sich nicht mehr.

Zum Glück fuhr ich mit sogenannten Klicker-Pedalen, bei denen man auch in der Aufwärtsbewegung Vortrieb erreichen konnte. Da ich gerade an einer Weggabelung stand, auf der Cuxhaven am Strand entlang mit 15 Kilometer ausgewiesen war und der Weg auf der rechten Seite Cuxhaven in 8 Kilometern wähnte, beschloss ich aufgrund des Defekts den kürzeren Weg einzuschlagen, damit ich noch genügend Zeit hatte einen Fahrradmechaniker aufzutreiben.

Durch eine Dühnenlandschaft führte die Landstraße mit ein paar leichten Bodenwellen fast geradeaus auf Cuxhaven zu. Leider büßte ich meinen bis dahin guten Schnitt jämmerlich mit nur einem Pedal ein und kam dann nach 110

Kilometern im Stadtzentrum von Cuxhaven an. Zum Glück war gerade um die Ecke ein netter Fahrradmechaniker anzutreffen.

Da er im Laden leider nicht die passenden Pedale für mich hatte, wollte er mich als Tourenfahrer nicht im Stich lassen und fuhr kurzer Hand nach Hause, um an seinem privaten Fahrrad die richtigen Pedale abzuschrauben und an meinem Rad zu montieren. 40 Euro waren ein fairer Preis den ich auch gerne zahlte.

Gleich darauf stürzte ich mich wieder auf den Radweg und kam an der „Alten Liebe" durch das Hafenviertel in das Industriegebiet am Stadtausgang. Nun war ich bereits an der Elbe und spürte auch sogleich den kräftigen Gegenwind, der mir ins Gesicht blies.

Da ich durch den Defekt bereits viel Zeit verloren hatte, beschloss ich in den nächsten paar Ortschaften ein Hotel zu nehmen und nicht mehr bis Wischhafen zu fahren. Unerwartet hatte ich gleich mit dem ersten Anruf Glück und konnte ein Zimmer in Altenbruch im „Deutschen Haus" reservieren.

Da es immer noch sehr heiß war und ich keine Eile mehr hatte, hielt ich an einem Supermarkt an, da ich aus welchen Gründen auch immer unbedingt eine kühle Milch trinken wollte. Vor dem Supermarkt setze ich mich zu einem Pärchen auf die Bank. Nach den ersten Wortfetzen konnte ich diese gleich als Bayern identifizieren. Wir plauderten eine Weile bis ich mich wieder in Bewegung setzte, um nun endlich auch die letzten Kilometer zu fahren.

Wiederum erbärmliches Kopfsteinpflaster begleitete mich die letzten Meter bis Altenbruch. Ganz überraschend kam ich an einem U-Boot Archiv vorbei. Ich hatte davon schon mal im Fernsehen einen Bericht gesehen, konnte mich aber nicht erinnern, dass dieses bedeutende Archiv hier gewesen war. Leider blieb keine Zeit einen Besuch abzustatten, der mich als U-Boot Interessierten sicherlich erfreut hätte.

Das Hotel „Deutsches Haus" hielt, was der Name versprach. Im Stile der 30er Jahre erbaut (und seit dem wohl nicht mehr renoviert) versprühte es einen ganz eigenen Charme. Aber letztendlich war ich froh, dass ich ein Zimmer mit Bett (1,80 Meter lang für meine 1,91 Meter Körpergröße) und Fernseher hatte. Sogar mein Fahrrad bekam eine eigene Garage.

Nachdem ich mich soweit erholt hatte, ging ich dann zum Abendessen und traute meinen Augen nicht. So ziemlich jeder U-Boot Fahrer, der den Krieg überlebt hatte, war wohl schon in diesem Hotel gewesen. Unzählige Andenken und Abzeichen schmückten die Wände. Auch die Reichskriegsflagge war hier und da zu sehen.

Ganz stolz waren große Portraits von Hindenburg und Bismarck an der Wand aufgehängt. Während ich auf das Essen wartete las ich mich durch alte Zeitungsausschnitte die ebenfalls an der Wand hingen.
Erschöpft und ausgepowert zog ich mich dann gegen 20:00 Uhr in mein Bett zurück und schaute noch etwas Fernsehen.

Ich hätte wohl heute deutlich mehr Kilometer schaffen können, wenn einmal der Umweg in

Bremerhaven und der Defekt vor Cuxhaven nicht gewesen wären. Aber man muss es nehmen wie es kommt.

Kilometer heute: 122 km; Kilometer insgesamt: 514 km; Schnitt: 18,8 km/h; Fahrzeit: 6:30 Std.

6. Tag von Altenbruch bis Stade

Um 8:00 Uhr ging es los. Heute hatte ich mir kein bestimmtes Ziel gesetzt. Eventuell wollte ich aber durch Hamburg kommen, wollte aber auch nicht zu weit fahren, damit ich noch bis Lüneburg, meinem letzten Etappenziel, ein paar Kilometer aufgespart hatte.

Doch leider musste ich bereits auf den ersten Kilometern merken, dass heute wohl kein neuer Streckenrekord aufgestellt werden konnte. Ein sehr strammer Wind blies mir ins Gesicht und an ein schnelles Weiterkommen war nicht zu denken.

Ziemlich schnell verlor ich die Motivation und dachte bereits nach 10 Kilometern darüber nach, ob ich nicht doch den Zug hätte nehmen sollen. Als meine Entscheidung für den Zug schon fast gefallen war, stellte ich nach einem Blick auf die Karte fest, dass hier gar kein Zug verkehrt, sondern nur weiter im Landesinneren. Da wollte ich aber nun auch nicht auf gut Glück hinfahren, da ich dafür kein Kartenmaterial dabei hatte.

Nach zähem Kampf sah ich endlich in Neudorf ein Schild „Stade 45 km" auf der Bundesstraße. Aber nachdem ich den Radweg gesehen hatte und die unzähligen LKWs, die an mir vorbei brummten, entschied ich mich doch für den Weg an der Elbe entlang.

Eigentlich war die Weserradtour laut Kartenbuch in Cuxhaven beendet und ich brauchte gar nicht mehr weiter radeln. Doch mein Ehrgeiz sagte mir, dass ich mindestens meine 600 Kilometer voll machen sollte. Das ergab sich mit Stade, so meine Berechnungen.

In Hörne machte ich nach 28 Kilometern das erste Mal Pause, um mich auf eine Bank zu setzen und meinen Getränkevorrat zu minimieren. Die Uhr schlug gerade 10:00 Uhr, als ich mich wieder in Bewegung setze.

Vor mir lag nun der absolute Horror. 15 Kilometer absolut schnurgerade entlang der Landstraße bei starker Sonneneinstrahlung und unfassbar kräftigem Gegenwind. Laut der Wettervorhersage war der Wind heute mit 32-36 km/h aus östlicher Richtung in Böen sogar mit 40 km/h angegeben worden.

Es kostete so viel Kraft und es hatte den Anschein, dass man überhaupt nicht weiterkam. Mein Tacho zeigte aber kontinuierlich zwischen 18 und 20 km/h Geschwindigkeit an. Der Kraftaufwand lag aber bei geschätzten 30 km/h. Wäre heute Rückenwind, hätte ich vor Hamburg bremsen müssen, damit ich nicht zu schnell daran vorbei gefahren wäre.

So brauchte ich fast eine Stunde, bis ich endlich in Freiburg (ja, das gibt es hier im Norden auch) ankam.
Teilweise waren nun Gebüsche und Bäume an der Straße, so dass ich immer ein paar Meter

windgeschützt fahren konnte. Leider wirkte sich dies nicht sonderlich auf meine Motivation aus.

Kurz vor Wischhafen, in Hamelwörden machte ich nun um 11:00 Uhr eine längere Pause in einer Bushaltestelle. Mein Tacho zeigte erst 47,5 Kilometer an, doch ich war schon dermaßen platt, dass ich mich am liebsten in irgendeinen Garten für ein Nickerchen gelegt hätte. Nun brannte auch noch die Sonne unerbittlich heiß vom Himmel. Alle 5-6 Kilometer hielt ich nun mit dem 600 Kilometer Ziel in Stade vor Augen an, um Getränke in mich hinein zu leeren.

In Assel hielt ich wieder an und telefonierte mit der Tourist-Information in Stade, da ich mich für den nächsten Tag für die Jet-Fähre von Stade nach Hamburg entschieden hatte. Obwohl die in meinem Kartenbuch (von 2008) eingetragen war, wurde mir mitgeteilt, dass meine Unterlagen veraltet wären und diese Jet-Fähre seit Jahren nicht mehr fahren würde. Noch ein Motivationstiefschlag. Also würde ich Morgen mit dem Zug weiterfahren. Zuerst musste aber Stade erreicht werden.

Wieder stieg ich für ein paar Kilometer auf den inzwischen verhassten Sattel meines Drahtesels. Kurzerhand entschloss ich mich die letzten Kilometer nochmals auf den Elbdeich zu fahren. Leider musste ich aber feststellen, dass die Elbe noch sehr weit weg war. Klar, Stade lag auch etwas im Hinterland. Nun war es mir egal. In Bützfleth, dem letzten Ort vor Stade setzte ich mich nochmals auf eine Bank und süffelte meine Cola-Flasche leer.

Noch 4 Kilometer bis zum Bahnhof. Diesmal wollte ich keine Pause mehr machen und schlich in Richtung Etappenziel. Endlich am Bahnhof angekommen studierte ich den Stadtplan nach einem geeigneten Hotel. Leider waren die Hotels entweder zu teuer, zu weit weg oder ausgebucht. Erschreckender Weise musste ich außerdem feststellen, dass mir noch weitere 4 Kilometer für die vollen 600 Kilometer Gesamtstrecke fehlten.

Also fuhr ich kurzerhand zur Tourist-Information, die am anderen Ende der Innenstadt lag. Hier konnte ich auch nach einem Hotelzimmer suchen lassen.

Auch die Tourist-Information tat sich schwer noch ein Zimmer für mich zu finden, hatte dann aber im Hotel „Am Holzhafen" Glück. Für 69 Euro (In Worten: Neunundsechzig Euro) bekam ich endlich ein Hotelzimmer. Da das Hotel wieder in der Nähe des Bahnhofs lag, konnte ich meine 600 Kilometer haargenau erreichen.

Es war erst 14:00 Uhr und ich hatte nun 86 Kilometer auf dem Tacho. Es hatte 32°C draußen und ich verkrümelte mich auf mein (Luxus-)Zimmer. Zugegebenermaßen musste ich eingestehen, dass dies das bequemste Bett seit langem war. Auch der Fernseher gab keinen Grund zur Klage.

So nahm ich mir gegen Abend noch eine Besichtigungstour durch die Stader Innenstadt vor, die ich auch tatsächlich mit einem Besuch bei „Joey´s Pizzarestaurant" verband.

Kilometer heute: 86 km; Kilometer insgesamt: 600 km !!! Schnitt: 17,0 km/h; Fahrzeit: 4:40 Std.

7. Tag von Stade nach Deutsch Evern (Lüneburg) – mit der Bahn

Da ich mir ja vorgenommen hatte nach Lüneburg zum Hauptwohnsitz meines Nachbarn aus Hagnau zu fahren, wollte ich nun den Zug nehmen. Ich brauchte nicht zu hetzen, da mein Zug erst gegen 9:30 Uhr abfahren würde. Deshalb stellte ich auch meinen Wecker auf 8:00 Uhr.

Doch was sich gestern Abend noch als idyllischer und ruhiger Blick aus dem Fenster darstellte, entpuppte sich als Gütergleis der Deutschen Bahn, die ihren ersten Zug des Tages bereits um 4:48 Uhr einen Meter vor meinem Fenster vorbeifahren ließen. Ich stand natürlich aufgrund des Schreckens erst mal senkrecht im Bett und konnte nur schwer vor dem nächsten Zug um 7:00 Uhr wieder einschlafen. Wenigstens verpasste ich so das Frühstück nicht, welches wiederum für den Hotelzimmerpreis eher mickrig ausfiel.

Rechtzeitig schwang ich mich wieder auf mein Fahrrad und war eine Stunde zu früh am Bahnhof. Im Hotelzimmer wollte ich nicht mehr bleiben, da auch schon das Zimmermädchen (ca. 108 Jahre alt) die Tür ohne zu klopfen aufschloss.

Ich besorgte mir eine Zeitung und setze mich auf den Bahnsteig. So verging die Zeit und ich war mal wieder durch die Printmedien auf den neusten Stand des Weltgeschehens gebracht.

Nach einmaligem Umsteigen in Hamburg-Harburg kam ich dann pünktlich (es war nicht die Deutsche Bahn, sondern das Privatunternehmen „Metronom", welches mich beförderte) in Lüneburg an.

Unterwegs hatte ich schon mit Frank, meinem Nachbarn aus Hagnau, telefoniert und er wollte mich mit dem Fahrrad am Bahnhof in Lüneburg abholen. Er war ebenfalls pünktlich da und wir machten uns auf den Weg.

Nach wenigen hundert Metern hielten wir es aber angebracht einen Frühschoppen an einer gemütlichen Gartenwirtschaft an der Ilmenau abzuhalten.

Für die letzten 8-9 Kilometer (ich hatte keinen Tacho mehr montiert) nach Deutsch Evern hatte Frank wohl schon die ganze Woche mit dem Fahrrad trainiert. Zielsicher steuerte er mit hohem Tempo an jedem Wurzelstock im Wald vorbei und ich musste wegen meiner getönten Fahrradbrille mich sehr konzentrieren, damit ich nicht über den Lenker abstieg.

Als wir endlich bei ihm ankamen, waren wir beide am Schwitzen und erfreuten uns auf der überdachten Terrasse über eine Kanne Apfelsaftschorle.
Für den Abend wollten wir noch in der Lüneburger Altstadt ein leckeres Bier trinken, welches wir auch nach einer zielsicheren Stadtführung taten.

Mit den ersten Regentropfen trafen wir dann wieder in Deutsch Evern ein und plauderten noch bis zum späten Abend auf der Terrasse weiter.

Die Rückfahrt
Es regnete immer noch in Strömen, als wir nach dem Frühstück zum Bahnhof aufbrachen. Das Fahrrad war aber bei dem Wetter auf dem

Fahrradträger des Autos montiert. Irgendwie hatte ich keine Lust mehr Fahrrad zu fahren...

Pünktlich kam ich so am Bahnhof an und konnte meinen ersten und einzig pünktlichen Zug des Tages (Metronom - siehe oben) besteigen. In Hamburg-Harburg hatte ich eine Stunde Aufenthalt und konnte so nochmals etwas Frühstücken. So ganz früh am Morgen ist einfach nicht mein Ding.

Als der Intercity (Deutsche Bahn) natürlich mit schon mal 20 Minuten Verspätung in den Bahnhof einlief, fuhr er glatt an mir vorbei. Laut Wagenstandsanzeiger stand ich richtig. Zum Glück winkte mich die Schaffnerin gleich in das richtige Abteil, da der Zug falsch zusammengestellt und das Fahrradabteil gar nicht erst am Zug angehängt war.

So musste ich mich mit meinem überbreiten Fahrradlenker durch die viel zu schmalen Gänge quetschen und stellte mein Fahrrad in ein dafür umfunktioniertes Großraumabteil ab. Leider war der Zug recht voll und ich musste mir meinen reservierten Sitzplatz (im Großraumabteil) erst erkämpfen.

Bis Mannheim war die Verspätung dann auf über eine Stunde angewachsen. Da ich in Stuttgart 1,5 Stunden (wohlweißlich) Aufenthalt hatte, machte ich mir noch keine großen Sorgen. Aber rings um mich herum hatten alle Fahrgäste, die ebenfalls umsteigen mussten Angst ihren Anschluss zu verpassen.

Plötzlich kam eine Durchsage, dass der Zug die nächsten beiden fahrplanmäßigen Bahnhöfe

Heidelberg und Walldorf nicht anfahren würde und die Fahrgäste, die dort hinwollten, umsteigen mussten. So kamen wir mit nur 50 Minuten Verspätung in Stuttgart an.

In meinem letzten Zug von Stuttgart nach Friedrichhafen war es dann entspannter. Eine kleine Reisegruppe, die ebenfalls mit dem Fahrrad unterwegs waren und ich plauderten ganz entspannt mit dem Schaffner, dem sein Job wohl ziemlich auf den Keks ging. Aber es sah aus, als ob wir pünktlich in Friedrichshafen ankommen würden.

Aber nicht doch mit der Deutschen Bahn!!!

Kurz vor Laupheim hielt der Zug auf offener Strecke und der ebenfalls verdutzt guckende Schaffner erhielt die Information, dass wohl ein Stellwerk Probleme hätte. Nach 10 Minuten ging es aber weiter. 2 Minuten davon konnten auch wieder aufgeholt werden, teilte uns der Schaffner kurz vor Friedrichshafen per Lautsprecheransage mit.

So kam ich endlich um kurz nach 22:30 Uhr in Friedrichshafen an. Ich musste mich sputen ins Bett zu kommen, da ich bereits um 4:30 Uhr wieder am Flughafen Friedrichshafen sein musste, um mit der Fußballmannschaft nach Mallorca über das Wochenende zu fliegen.

Epilog
Leider war dieses Jahr die Fahrt nicht ganz so schön wie die Jahre davor. Teilweise lag es an meiner schlechten Vorbereitung, hauptsächlich wohl aber am sehr ungünstigen Wetter, welches

bis auf die Etappe von Bremen nach Cuxhaven immer gegen mich war.

Auch möchte ich nicht mehr so viele geplante Stopps (Bad Oeynhausen, Bremen und Lüneburg) machen, damit ich ungezwungener fahren kann.

Meinem Vater muss ich wieder großen Respekt zollen, dass er mit seinen jetzt 66 Jahren so überraschend gut mitgehalten hat. Er konnte aufgrund seines 4-wöchigen Urlaubs nur kurz vor der Abfahrt trainieren.
Auch möchte ich mich bei meinen Freunden und Verwandten für die kostenlose Unterkunft bedanken. Dies war wohl trotz des Wucherpreises in Stade meine kostengünstigste Tour gewesen.

Für das nächste Jahr habe ich mir den Main – Rhein-Main-Donau-Kanal – Altmühltal vorgenommen. Ich werde hoffentlich aus meinen Fehlern in diesem Jahr lernen und etwas mehr Spaß auf der Tour 2012 haben. Danach werde ich alle großen Flüsse in Deutschland bezwungen haben. Was danach kommt weiß ich noch nicht. Bloß in den Bergen wird man mich wohl nicht mit dem Fahrrad antreffen…

Maintour 2012 (Rhein-Main-Donaukanal)

Von Mainz nach Regensburg

Anreise am 06.06.2012
Nachdem das Büro abgeschlossen war, konnte die diesjährige Fahrradtour beginnen. Schnell noch die letzten Sachen zuhause gepackt und los ging es nach Friedrichshafen, wo meine Frau Birthe schon auf mich wartete, um mich zum Bahnhof zu fahren.

Dieses Jahr war die Vorbereitung wiedermal nicht ganz planmäßig gelaufen. Schuld daran waren viele Faktoren. Zum einen war das Wetter zu wechselhaft, so dass jedes Mal, wenn ich Zeit hatte es regnete, oder wenn ich eben keine Zeit hatte die Sonne den Tag versüßte. Auch die Arbeit war nicht weniger geworden, sondern ganz im Gegenteil. Meine Mutter hatte ihr nahes Rentnerdasein schon vor Augen, obwohl noch ein Jahr (mindestens) zu arbeiten war. Außerdem zogen es meine Eltern vor, den ganzen Mai (!) in Urlaub zu fahren, so dass ich keine Vertretung im Büro hatte, um bei schönem Wetter mal ein paar Runden auf dem Fahrrad zu drehen.

Anfang März war zwar schon das erste Mal Fahrradwetter, aber ich konnte nur sporadisch ein paar Kilometer fahren. Dann wurde das Wetter wieder schlechter und die langsam erstarkende Frühform war dahin. Mitte April war wieder etwas schöneres Wetter und ich konnte langsam trainieren. Ich schaffte eine kleine Runde um den

Bodensee (mit den Fähren Friedrichshafen-Romanshorn und Konstanz Meersburg). Außerdem trainierte ich im Hinterland so, dass ich pro Tour jeweils um die 30-40 Kilometer hatte.

Erst im Mai war das Wetter über mehrere Tage so, dass ich auch systematisch meine Radlerwaden stärken konnte. Erst eine Tour um den Gehrenberg (knapp 60 km) und dann eine Abschlusstrainingstour um den Überlingen See (knapp 80 km). Das musste nun reichen.

In der Woche vor der Abfahrt hatte ich mein Rad nochmals zur Wartung gebracht, da mein Hinterreifen doch ziemlich profillos war. Leider hatte der Mechaniker vergessen eine Markierung an der Sattelhöhe anzubringen, so dass ich auf der letzten Trainingsstunde doch arge Probleme mit dem Sitz hatte. Auch selbst probierte ich noch eine Korrektur vorzunehmen. Mehr dazu später!

So fuhr Birthe mich also zum Bahnhof und ich konnte pünktlich (es war ein ÖBB-Zug) um halb eins mit einer Direktverbindung bis Mainz durchfahren.

Um 16:45 Uhr kam ich dann in Mainz am Hauptbahnhof an. Mein Hotel hatte ich auch schnell gefunden. Nicht aber meinen Herbergswirt. Es hing ein Schlüssel mit meinem Namen und der Zimmernummer an der Rezeption. Naja, dann eben so. Interessanterweise hatte ich eine Etagentoilette und Dusche. Die Dusche brauchte ich heute nicht, aber Probleme hatte ich mit der Toilette. Sie war so angebracht, dass sogar ein Kind es nicht leicht hatte auf die Schüssel zu klettern, da die Wand direkt vor dem Keramikkonstrukt begann.

Ich machte mich schnell noch frisch, da ich mich mit meinem Cousin Carsten, der in Mainz wohnte, zum Abendessen treffen wollte. Wir waren auf der anderen Rheinseite an der „Bastion von Schönborn" verabredet. Passenderweise lag diese Bastion, ein Relikt aus dem Mittelalter nahe der Mainmündung in den Rhein und da ich zeitig da war, schaute ich mir schon mal die ersten Kilometer meiner morgigen Tour an.

Nachdem ein leichter Schauer durchgezogen war, hatte Carsten auch einen Parkplatz gefunden und wir konnten uns an dem gleichnamigen Restaurant treffen. Leider war alles reserviert und wir wurden wieder an die Luft gesetzt. Da wir aber dennoch etwas trinken, bzw. essen wollten, entschieden wir uns für einen alten Dreimastschoner, der ebenfalls vor der Bastion lag und als Restaurant umgebaut war.

Keine schlechte Entscheidung. Wir aßen und tranken gut für, im Verhältnis, sehr geringes Geld. Wir saßen auf dem Oberdeck unter einer Plane und so machte uns auch der einsetzende Regen nichts aus.

Gegen acht Uhr verabschiedeten wir uns wieder und ich machte mich auf den Weg ins Hotel in der Hoffnung nun endlich meinen Herbergswirt zu treffen. – Leider war er immer noch nicht da und ich musste auf morgen früh hoffen. Ich zwängte mich in mein viel zu kurzes und knarrendes Bett (hatte wohl schon beide Weltkriege miterlebt) und schlief sehr schlecht ein.

1. Tag von Mainz nach Aschaffenburg

Sehr früh wachte ich nach einer Nacht mit wenig Schlaf bereits um kurz nach sechs Uhr auf und richtete meine Sachen. Frühstück gab es bereits ab 6:30 Uhr und ich nutzte diese Gelegenheit, um nun meinen Herbergswirt kennen zu lernen. – Leider vergebens. Die Frühstücksdame begrüßte mich und als ich fragte, wo ich denn nachher auschecken konnte, meinte sie nur, dass der Cheffe vielleicht kommen würde, vielleicht aber auch nicht. – Er kam nicht!

Zum Glück nahm die Frühstücksdame meine 55 Euro für die Nacht in dieser „Kaschemme" an. Ich ließ mir aber vorsichtshalber eine Quittung von ihr unterschreiben. Sicher ist sicher. Das Hotel „Stadt Coblenz" wird mich aber sicher nie wieder sehen!

Es war 7:00 Uhr und ich hatte Kilometer „0" auf meinem Tacho stehen. Es ging los. Wieder über die Theodor-Heuss-Brücke auf die andere Rheinseite und vorbei an der „Bastion von Schönborn", wie ich es bereits gestern Abend geprobt hatte.

Der Weg führte mich vorbei am Floßhafen, was eigentlich bereits eine Verbindung zum Main darstellte, entlang am Rheinufer bis zur eigentlichen Mainmündung. Es gab gleich einen Vorgeschmack auf das, was mich die nächsten 40 Kilometer bis Frankfurt erwartete. Eine perfekte Ausschilderung (nein, das ist kein Sarkasmus, sondern die Wahrheit) und grausame Radwege. Ständig musste ich um Schlaglöcher herum manövrieren und lästigen Wurzeln, die den Teer anhoben, ausweichen.

Noch in Kostheim kam die erste Umleitung des Radwegs. Wieder war die Beschilderung perfekt, aber die Wege eher nicht. Der Radweg führte nun nach der Umleitung an der Bahntrasse entlang. Linker Hand waren Bäume und Büsche zwischen den Gleisen und dem Radweg und dahinter waren Weinberge zu erkennen. Auf der rechten Seite waren die Mainauen zu sehen. Viele Hasen hoppelten über den Weg und machten sich immer schnell aus dem Staub, als sie mein Fahrrad und mich über die Wurzeln hüpfen hörten.

Ich fuhr an einem Pärchen vorbei, die gerade angehalten hatten. Es wunderte mich, dass um diese unchristliche Uhrzeit schon andere Radler unterwegs waren. Ich fuhr so schnell, wie es die Wege erlaubten. Trotzdem kämpfte ich 15 km darum das Pärchen hinter mir zu halten. Leider erfolglos. Die beiden rollten an mir vorbei und ich musste entsetzt feststellen, dass es wohl noch schnellere Tourenradler gab als mich. Das fing ja toll an. Doch was sah dich da an der Rahmenstange? Eine Batterie. Es waren E-Bikes.

In Eddersheim, direkt vor einer Brücke kamen mir die beiden wieder entgegen. Sie meinten, es wäre besser hier bereits die Flussseite zu wechseln. Ohne weiter nachzudenken teilte ich ihre Entscheidung und wir trugen unsere Fahrräder auf die andere Seite herüber.

Noch weitere zweimal kamen mir die beiden entgegen, da sie sich verfahren hatten und ich somit von ihrem Fehler profitieren konnte.

Erst in Höchst verlor ich sie aus den Augen. Hatte mich eh gewundert, wie man sich bei so einer guten Beschilderung verfahren konnte.

Vor Höchst hatte ich im Vorhinein etwas Bammel gehabt, da ich ein dreckiges Industriegebiet mit verschmutzten Wegen vermutete. Aber ganz im Gegenteil. Endlich wurde der Radweg besser und ich konnte wieder Geschwindigkeit aufnehmen, obwohl der Weg einen Bogen um Höchst beschrieb. Vielleicht lag es auch an dem Feiertag, dass so gut wie nichts los war auf den Straßen.

Nach Höchst kündigte sich aber die Großstadt Frankfurt an. Es ging unter Brücken hindurch und hinüber. Es wurden Straßen überquert und die Wegrichtung änderte sich ständig, bis das Mainufer wieder erreicht war. Nun waren die letzten Meter auf schlechtem Untergrund zurückzulegen bis eine Hauptstraße neben dem Radweg verlief und somit auch der Radweg wieder asphaltiert war.

In Frankfurt-Sachsenhausen kam ich auf die Uferpromenade, an der ich direkt unterhalb des „Eisernen Stegs" um 9:15 Uhr nach 40 Kilometern Pause machte. Unzählige Jogger und Rennradfahrer fielen mir hier auf. Ich bat einen der wenigen Spaziergänger ein Foto von mir mit der Frankfurter Skyline zu machen. Nach einer dreiviertel Stunde, 4 Schokokeksen (Pick-up) und einer Flasche Cola ging es weiter.

Es war viel an Schiffsverkehr auf dem Main los, und noch während meiner Pause hatte ich mir die Schiffe ausführlich angeschaut. Offenbach war nur ein Katzensprung, den ich schnell schaffte und nun die erste richtige Flussschleife vor mir hatte. Der Radweg hatte sich plötzlich verändert. Zwar war er noch asphaltiert, doch links und rechts wucherte Grünzeug auf und über dem Weg. Durch die Feuchtigkeit, die noch in der Luft lag, schwirrten unzählige Insekten auf Mundhöhe durch die Luft. Mehrmals hatte ich so ein Insekt in den Hals bekommen und musste daraufhin furchtbar husten, was weitere Plagegeister nutzten um sich bei mir im Hals einzufinden.

An der Fähre Dietesheim hielt ich für 10 Minuten, um einen Regenschauer abzuwarten. Inzwischen waren wahrscheinlich wegen des Feiertages, viele Tagesradler unterwegs, die meist die gesamte Breite des Weges einnahmen und nur durch mehrfaches Klingeln und manchmal rufen, bzw. meckern zur Seite zu bewegen waren.

Erst ab Hanau (auf der anderen Flussseite) wurde die „Grüne Hölle" wieder besser. Der Weg verlief nun wieder etwas freier und ich bekam nicht mehr so viel ungewollte Zusatznahrung in den Hals. Der Schiffsverkehr hatte nun nach den Ballungsgebieten merklich nachgelassen.

Leider konnte ich kein Tempo machen, da ich ständig wegen irgendwelchen Wurzeln, die den Asphalt gehoben hatten, abbremsen musste. In Seligenstadt wollte ich wieder anhalten, um eine Pause einzuschieben und etwas zu essen.

Als ich dann endlich an der Fähre in Seligenstadt ankam war dort die Hölle los und unzählige Touristen versammelt. Ich fand eine freie Bank und ließ mich darauf nieder, um wenigstens etwas zu trinken. An Essen war nicht zu denken. Die letzten 10 Kilometer waren schon ein Kampf gegen andere Touristen gewesen, aber hier war nun die Zentrale des kopflosen Touristenwahnsinns.

Es war 12:00 Uhr und ich hatte bereits 77 Kilometer zurückgelegt mit einem aktuellen Schnitt von 19,0 km/h. Auf einem Schild war zu lesen, dass es bis Aschaffenburg noch 20 Kilometer seien. Ich entschloss mich schon mal ein Hotel klar zu machen. Gleich beim ersten Versuch hatte ich einen Volltreffer (wie überraschenderweise jedes Mal auf dieser Tour).

Leider hatte sich nun ein Wind etabliert, der konstant von vorne kam. Ich dachte an meine beiden Freunde Stephan und Richard, die aus der entgegengesetzten Richtung kommen wollten. Ich gönnte ihnen den Rückenwind. Morgen würde ich sie vielleicht unterwegs treffen. Der Wind machte mich aber fertig. Nur mit Mühe kam ich voran. 8 Kilometer vor Aschaffenburg hielt ich in Kleinostheim nochmals an, um den Rest meiner Wasserflasche, bis auf den obligatorischen Insektenschluck, in mich hinein zu lehren.

Kurz vor Aschaffenburg sah ich dann die komische, alte, rötliche und viereckige Butze – Das Wahrzeichen von Aschaffenburg – Das Schloss Johannisburg. Ich musste nicht lange suchen bis ich mein Hotel gefunden hatte. Aber ich musste steil bergauf, da erfahrungsgemäß selten ein Hotel direkt auf Flussniveau ist.

Es war 13:15 Uhr, als ich in das Hotel eincheckte. Normal wäre ich noch locker weitergefahren, aber ich war mit einer Bekannten, Susanne, für den Abend in Aschaffenburg verabredet.

So konnte ich mich in aller Ruhe auf mein Zimmer verholen und noch etwas Fernsehen schauen, bis ich mich dann um 15 Uhr schon mal vorab bei ihr meldete. Sie war erstaunt, dass ich schon so schnell von Mainz den Weg hierher geschafft hatte und wir vereinbarten, dass sie mich schon um 16:00 Uhr abholen wollte.

Es wurde ein vergnüglicher Abend, mit viel Lachen und blöden Witzen. Wir saßen noch bis nach 23:00 Uhr im griechischen Restaurant, ehe ich wieder von ihr zu meinem Hotel gebracht wurde.

Kilometer heute:100 km; Kilometer gesamt: 100 km; Fahrzeit: 5:20 Std.; Schnitt: 18,7 km/h

Tag 2 von Aschaffenburg nach Marktheidenfeld-Zimmern

Da es erst ab 7:15 Uhr Frühstück gab, konnte ich erst um 8:00 Uhr losfahren. Ich musste ja wieder meine 7 Sachen packen und die örtlichen Abwasserbeseitigung einer gründlichen Prüfung unterziehen.

Kurz vorher hatte es noch geregnet und die Straßen waren noch nass. Noch in Aschaffenburg wechselte ich wieder die Uferseite und war auch sogleich auf dem Radweg.

Einige Kilometer durchquerte der Radweg nun einen Wald und dies immer schnurgeradeaus. Irgendwie spürte ich die langsame Steigung, die ich bis Bamberg noch vor mir hatte oder ich bildete es mir zumindest ein.

Es war eine große, schwarze Wolke am Himmel zu sehen. Jeden Moment konnte es regnen. In Großwallstadt ging es dann ständige links und rechts durch die Straßen. Hier hätte ich mich überall unterstellen können, aber es wollte einfach nicht anfangen zu regnen.

So ging es wieder hinaus auf die Felder. Nach Obernburg hielt ich an einer Brücke nach ca. 20 Kilometern an, um einen kräftigen Schluck aus meiner Wasserflasche zu genießen. Ein anderer Fahrradfahrer aus der Gegenrichtung hielt neben mir an und wir unterhielten uns über die Wegequalität auf den nächsten Kilometern. Für mich sollte es endlich besser werden.

Nach 5 Minuten ging es weiter. Und nun kamen die ersten Tropfen von oben. Ich hielt kurz unter Bäumen an, fuhr aber jeweils gleich wieder weiter. Erst kurz hinter Trennfurt pausierte ich dann für eine Viertelstunde unter Bäumen, um einen etwas ausgiebigeren Schauer über mich ergehen zu lassen. Bis jetzt hatte ich schon wieder 28 Kilometer auf dem Tachometer. Aber irgendwie lief es heute nicht so gut, obwohl der Schnitt mit 19,3 km/h (wie er den ganzen Tag unverändert von mir gehalten wurde) recht ordentlich war.

Nun war Miltenberg nicht mehr weiter. Ich dachte wieder an Stephan und Richard und überlegte, ob ich sie kurz anrufen sollte, damit wir vielleicht zusammen Pause machen konnten. Ich wusste ja nicht, wie weit sie bereits gekommen waren.

Und wenn man vom Teufel spricht… Zwei Kilometer vor Miltenberg sah ich schon von weitem wie mir eine Gruppe von 3 Radlern zuwinkte. Es waren Stephan, Richard und ihr Begleiter Gerhard. Wir hielten mitten auf dem Weg an und schnackten erst mal einige Zeit miteinander, was andere Autofahrer, die an uns vorbei wollten, in Rage brachte.

Ich hatte zu diesem Zeitpunkt schon 38,5 Kilometer auf dem Tachometer und war nun dringend auf der Suche nach einem Supermarkt oder ähnlichem, um meine Vorräte aufzustocken. Eine Tankstelle am Ortsausgang von Miltenberg wurde so zu meinem Pausenplatz. Eine Flasche Cola und ein paar Schokoriegel später war ich auch wieder unterwegs. Gerade einmal 15 Minuten Pause hatte ich mir gegönnt.

Gefühlt ging es nun besser voran. Die Wege waren deutlich besser und die „Grüne Hölle" hatte nachgelassen. Dafür war die Beschilderung nicht mehr „sehr gut" sondern nur noch „gut". Der Wind drehte sich ständig, so dass ich nicht nur Wind von der Seite, sondern auch von vorne und auch von hinten hatte.

In Freudenberg fragte ich einen Passanten, auf welcher Uferseite es wohl besser wäre bis Wertheim zu kommen. Er empfahlt mir auf jeden Fall die Seite zu wechseln, da der Weg auf der nördlichen Uferseite einfach angenehmer zu fahren sei. Also folgte ich seinem Rat und erklomm die Brücke über den Fluss.

Auf der anderen Flussseite hatte ich nun mit weniger Radlern zu tun. In Faulbach hielt ich nochmals kurz an, um meine Wasserflaschen etwas mehr zu entleeren. Ich gönnte mir wieder nur etwa 10-15 Minuten für meine Pause und fuhr bald weiter. Allerdings hielt ich nun alle ca. 10 Kilometer für ein paar Minuten an, da ich langsam Probleme mit dem Sitzfleisch bekam.

Eine Ursache für die Beschwerden am Gesäß, genauer gesagt für das Wundscheuern zwischen den Beinen, war wohl der nicht 100%ig eingestellte Sattel, da ich solche Probleme sonst nie gehabt hatte.

Bis Wertheim zog es sich und wollte einfach nicht zu Ende gehen. Dabei war es von den Temperaturen während der gesamten Tour ideal zu fahren. Morgens hatte es immer so um die 15°C während es mittags nie wärmer als 25°C wurde.

Als ich nun endlich Wertheim passiert hatte, war es auch nicht mehr weit bis Marktheidenfeld, wenn man den Schildern glauben konnte. 20 Kilometer waren aufgerufen. Allerdings suchte ich mir erst mal einen Supermarkt, um wieder etwas Kühles Flüssiges aufzunehmen.

Interessanterweise war neben dem Supermarktparkplatz auf dem ich hielt auch ein Schlecker Drogeriemarkt. Schlecker hatte vor wenigen Tagen erst Insolvenz angemeldet und hatte nun Ausverkauf. Eine aufgestylte Dame fuhr mit ihrem Porsche vor, stieg mit ihren Stöckelschuhen aus und nutzte die Sonderrabatte von Schlecker. – Man, muss die es aber nötig gehabt haben…

Nachdem ich weiter mich auf dem Radweg gequält hatte, hielt ich an einer Bank vor einer Schleuse an und suchte mir schon mal ein Hotel für die Nacht heraus. Um meine 100 Tageskilometer voll zu bekommen, musste ich nur noch etwas über Marktheidenfeld hinausfahren und sondierte hier nun die möglichen Herbergen. Ich rief in Zimmern den Gasthof Sonne an. Obwohl Ruhetag war, bekam ich ein Zimmer für die Nacht. Vorsichtshalber fragte ich noch, ob es im Ort eine Möglichkeit zum Abendessen gab. Der örtliche Campingplatz war meine Rettung.

Um 15:15 Uhr bezog ich mein Zimmer. Ein älterer Herr betrieb das Gasthaus und vermietete auch einige Zimmer dazu. Es war gemütlich und kostete nur 24 Euro, nachdem ich in Aschaffenburg noch 38 Euro bezahlt hatte. Eine Tendenz war zu erkennen. Leider gab es auch hier wieder nur ein Etagen WC. Aber ich war noch früh da und konnte so die Gemeinschaftsdusche alleine in Ruhe nutzen. Selbst ein Fernseher war auf dem Zimmer vorhanden und ich konnte gemütlich die Fußball EM anschauen.

Heute war ich mit ca. 80 % Leistungseinsatz unterwegs gewesen. Trotzdem konnte ich nicht schneller vorankommen, da mir mein Hintern zu schaffen machte. Auch wäre wohl bestimmt noch die eine oder andere Stunde zu fahren gewesen, aber irgendwie wollte ich einfach nicht mehr weiter am heutigen Tag und war froh schon auf meinem Zimmer zu sein.

Kilometer heute:106 km; Kilometer gesamt: 206 km; Fahrzeit: 5:30 Std.; Schnitt: 19,3 km/h

3. Tag von Marktheidenfeld-Zimmern nach Marktbreit

Um 8:15 Uhr ging es los, da es erst ab 8:00 Uhr Frühstück gab. Einige Regenwolken waren am Himmel zu sehen, aber genauso war auch die Sonne schon zu sehen. Der Radweg war von Anfang an gut ausgebaut und ich kam schnell vorwärts. Ich hatte Rückenwind – endlich mal!

Nach 10 Kilometern erreichte ich Sendelbach (gegenüber von Lohr). An einem Geldautomaten frischte ich meine liquiden Mittel wieder auf, da ich am Vorabend gut kalkulieren musste, damit ich mir ein Abendessen leisten konnte.

Weiter ging es meist zwischen Main und Waldhang. Die schwarzen Wolken näherten sich immer weiter. Da eine Hochspannungsleitung direkt neben dem Radweg lang ging, hoffte ich, dass möglichst kein Gewitter niedergehen würde. Aber es fing nur kurz zu tröpfeln an, dass ich noch nicht einmal abstieg, um den Regenüberzug über meinen Rucksack zu ziehen.

Nach 28 Kilometern erreichte ich Gemünden. Über eine lange Brücke überquerte ich den Main und gleichzeitig die Mündung der Fränkischen Saale. Über Kopfsteinpflaster führte der Radweg durch die Innenstadt und nach der Durchquerung der Eisenbahnbrücke war ich wieder am Ufer.

Da gerade Regen einsetze und ich direkt neben einem Imbiss-Stand war, entschied ich mich kurz zu halten und einen Frühschoppen zu machen. Ein Radler floss durch meine dankbare Kehle. Ich unterhielt mich mit einem älteren Einheimischen, der mir interessante Geschichten zur Umgebung erzählte.

Nach einer Viertelstunde fuhr ich weiter. Die Sonne war wieder zu sehen. Der Main hatte nun wieder seine Generalrichtung geändert und es ging nach Südosten. Leider hatte ich nun ein anderes Problem. Gegenwind – und nicht zu knapp! Laut Wetterbericht auf meinem Handy blies der Wind mit einer Stärke von 45 km/h und in Böen sogar mit 53 km/h mir ins Gesicht.

Leider war der Radweg meistens ungeschützt auf weitem Feld, da sich das Maintal hier geöffnet hatte. Teilweise glaubte ich, dass ich auf der Stelle trat.

Wieder leistete ich mir ein „Rennen" mit einem Pärchen auf E-Bikes, welches ich nur durch harten Kraftaufwand bis Karlstadt unentschieden halten konnte. In Karlstadt gönnte ich mir wieder eine 15-minütige Pause. Es war 11:30 Uhr und ich hatte bereits 48 Kilometer auf dem Tacho. Leider war ich nun platt. Der Schnitt war auf 19,2 km/h gesunken.

Der Hintern tat wieder weh und ich kämpfte mich nun wirklich Kilometer für Kilometer weiter. Ich beschwor meinen Tachometer endlich mal schneller zu laufen, aber er wollte nicht. Nach nur 7 Kilometern hielt ich wieder an, um Pause zu machen. Immer noch war der Gegenwind mein größter Feind.

Um 12:30 Uhr erreichte ich nach 67 Kilometern Zell am Main, einen Vorort von Würzburg. An einer Schiffsanlegestelle war eine Bank, auf der bereits ein älterer Mann saß. Ich setzte mich dazu und aß wieder ein paar meiner mitgebrachten Schokokekse und trank meine Wasserflaschen leichter.

Der ältere Herr war sehr redselig. Er erzählte mir einiges über den Schiffsverkehr an dieser Mainstelle. Ich ahnte noch nicht, wie lustig es gleich werden würde. Ein noch viel älterer Mann kam auf seinem Fahrrad an, hielt mitten auf dem an dieser Stelle recht breitem Fahrradweg und drehte das Fahrrad langsam um. Eine große Radlergruppe wurde zur Vollbremsung gezwungen und schimpfte natürlich lautstark. Den alten Mann störte das überhaupt nicht. Er nahm es noch nicht einmal wahr. Er kam zu uns und setzte

sich auf die Bank. Der bereits neben mir sitzende Mann, nennen wir ihn mal Heinz, kannte den anderen alten Mann: „Na Fritz, auch schon da?" Der Angesprochene reagierte nicht.
„Fritz, mach dein Gerät an!" – Fritz drehte sein Hörgerät an und war nun ansprechbar: „Servus Heinz. Ist die „Bavaria" schon durch?" – „Nä, is noch nich durch!" – Ich war plötzlich in der Muppet-Show. Ein kurzer Dialog der beiden:
„Kommt die „Bavaria" gleich?"
„Jo – kommt gleich."
Kurze Pause
„Ist die „Bavaria" schon vorbei?"
„Nä, die kommt gleich."
Heinz steht auf und schaut nach hinten auf den Fluss.
„Da kommt ja die „Bavaria"!"
„Nä, die muss schon durch sein."
Bevor ich mir weitere, sinnlose Dialoge anhören musste, verabschiedete ich mich und fuhr mit mehreren Fragezeichen im Kopf weiter.

Um kurz nach 13:00 Uhr erreichte ich nun die Fußgängerzone von Würzburg. Aufgrund des nun herrlichen Wetters (bis auf den hartnäckigen Gegenwind) spazierten nun unzählige Touristen über die Alte Mainbrücke und es ging nur noch im Schritttempo über das Kopfsteinpflaster. Aber da der Radweg auch hier noch gut ausgeschildert war, fand ich bald den Weg ans Ufer und den perfekt ausgebauten Radweg wieder.

Wieder waren Unmengen an Joggern und Freizeitradlern unterwegs. Leider verließen mich nun fast komplett meine Kräfte und ich gammelte nur noch herum. Nach heute insgesamt 80 Kilometern pausierte ich folgerichtig in Randersacker – am Strand! Es gab eine kleine

Einbuchtung an der etwas Sand angehäuft war. Einige Kinder spielten dort und auch der ein oder andere Vater half beim Sandburgenbauen. Für mich war das alles nur zweitrangig. Ich spürte die Schmerzen am Hintern und nuckelte wieder an meiner Trinkflasche.

Auch heute hatte ich wieder am Abend insgesamt rund 8 Liter Flüssigkeit getrunken. Am Fahrrad führte ich regelmäßig gute 4 Liter Wasser mit. Bei jeder Gelegenheit kaufte ich mir allerdings an Tankstellen oder Supermärkten zuckerhaltige Getränke dazu, damit mir die Kohlenhydrate Energie für die weiteren Kilometer geben würden.

Nach nur 15 Minuten fuhr ich wieder weiter. 3-4-mal treten und dann wieder aufstehen und ausrollen lassen. Anders ging es fast nicht mehr.

Das Ziel war nun allerdings auf der Karte schon in Sicht. Ochsenfurt war mein erklärtes Tagesziel. Allerdings erreichte ich damit nicht meine 100 Tageskilometer. Ich kämpfe mit mir, meinem Hintern und meinem Schweinehund.

Schließlich erreichte ich Ochsenfurt. Der Radweg führte über eine Brücke und anstatt in das Stadtzentrum zu führen, ging es entgegen gesetzt weiter Richtung Marktbreit. Nun, dann eben Marktbreit. Der Ort war mir von der Autobahn A7 bekannt, da die Autobahnbrücke direkt über Marktbreit den Main überquert und ich diese schon unzählige Male gefahren war.

Da sich die Hauptrichtung des Mains wieder seit Ochsenfurt geändert hatte, war der Gegenwind auf einmal weg und es lief wieder deutlich besser. Aber der Hintern wollte nicht mehr weiter.

In Marktbreit hatte ich genau 99,5 Kilometer auf dem Tachometer und beschloss ein Hotel klar zu machen. Wieder war der erste Anruf gleich ein Erfolg. Leider hatte ich nicht vorher auf die Karte geschaut, als ich das Hotel ausgesucht hatte. Es lag bergauf!

Anfangs war es noch ein moderater Anstieg, jedoch wurde es von Meter zu Meter steiler. Es wurde sogar fast so steil, dass ich mich wunderte, dass hier noch keine Treppe gebaut wurde.

Endlich erreichte ich die „Gipfelhöhe". Das Hotel „Michels Stern" sah von außen recht groß und angenehm aus. Leider folgte die Überraschung im Inneren. Wieder Etagentoilette und Etagendusche und noch schlimmer war – Kein Fernseher!!! Dies hatte ich seit Breisach am Rhein im Jahr 2008 nicht mehr erlebt und ausgerechnet heute war das EM-Auftaktspiel der deutschen Nationalmannschaft gegen Portugal.

Ich suchte mir in Marktbreit eine Möglichkeit irgendwo das Spiel zu sehen. Aber die einzige Möglichkeit war ein kleines Public Viewing in einer alten Lagerhalle. Die dort aufgestellten Klappstühle waren aber so gar nichts für mein Hinterteil. Ich deckte mich dafür mit Lebensmitteln ein, da ich nun aus Prinzip in meinem Hotel keinen Pfennig zu viel lassen wollte. Auch den „Kicker" ergatterte ich an der Dorftankstelle und verzog mich damit auf mein Zimmer. Das Fußballspiel verfolgte ich auf meinem Handy via Kurzmitteilungen.

Kilometer heute: 100 km; Kilometer gesamt: 306 km; Fahrzeit: 5:23 Std.; Schnitt: 18,5 km/h

4. Tag von Marktbreit nach Haßfurt

Kurz vor 8:00 Uhr ging es los. Noch kurz an der Dorftankstelle ein paar Schokoriegel einkaufen und dann wieder den Schmerzen widmen. Es war nicht besser geworden. Aber Zähne zusammenbeißen und weiter geht's!

Schon nach wenigen Kilometern ging es leicht bergauf. Die Oberschenkel schmerzten noch vom Vortag, als ich gegen den Wind kämpfen musste. Der Radweg war nun nicht mehr so konsequent am Ufer, sondern führte auch mal einige Meter ins Hinterland.

In Kitzingen sah ich ein Radwegschild zu spät und fuhr eine Brücke zu spät über den Main. Es dauerte einige Momente und hin und her, bis ich wieder die Promenade und somit den Radweg auf der anderen Uferseite erreicht hatte.

Es ging wieder entlang von Feldern und Auen in Richtung Norden. Erst in Schweinfurt würde sich die Generalrichtung des Flusses wieder ändern. So hatte ich gehofft, dass ich heute Rückenwind hätte, wurde ich jäh enttäuscht. Es war windstill.

Kurz vor Dettelbach war eine Grünanlage mit Grillstelle. Hier wurde wohl am Vorabend das Deutschlandspiel gefeiert. So jedenfalls sah es aus.

Leider wurde mir die Feier zum Verhängnis, denn ich sah Glasscherben mitten auf dem Radweg zu spät und konnte nicht mehr ausweichen. Ich hörte es knirschen.

Der Radweg führte nun über eine Bundesstraße. Als ich gerade wieder auf der anderen Straßenseite beschleunigen wollte, bemerkte ich das Problem. Der Hinterreifen war platt. Mein erster Gedanken war: Wo ist der Bahnhof – ich fahr heim! Der zweite Gedanke war dann: Ruf den ADAC an und erst mit dem dritten Gedanken fiel mir auf, dass 50 Meter hinter mir eine Aral-Tankstelle war.

Ich schob mein Fahrrad zurück zur Tankstelle und hatte Glück. Es gab dort einen passenden Schlauch für mich. Allerdings war die Werkstatt, da Sonntag, geschlossen und ich musste selber Hand anlegen. Trotzdem war es ein glücklicher Zufall, dass ich ausgerechnet 50 Meter neben einer Tankstelle die Reifenpanne hatte, da ich vorher vielleicht nur an einer Hand voll Tankstellen direkt vorbeigekommen war und selber nie Flickzeug mitführte.

So stand es auch mit meiner Mechaniker-Erfahrung. Es gab sie schlichtweg nicht. Aber auf gut Glück fing ich an und stellte mich aufgrund der Schnellverschlüsse gar nicht mal so dumm an. Trotzdem, als ich mit der mir von der netten Tankstellenpächterin zu Verfügung gestellten Luftpumpe ewig nicht zurechtkam, erbarmte sich ein ortsansässiger Fahrradfahrer, der sich die Szenerie eine Weile angeschaut hatte, und lieh mir seine Luftpumpe. Ja, er pumpte sogar auch mit und schon war es in Ordnung.

Als letztes war es für mich noch eine Herausforderung, den Reifen wieder einzubauen, da die Bremse im Weg war. Doch auch hier war ich froh über die Schnellverschlüsse und ich bekam alles für mich zufriedenstellend hin.

Die ganze Aktion kostete mich sage und schreibe 1,5 Stunden. Da ich erst 20 Kilometer auf dem Tachometer hatte, machte ich mich schnell wieder auf den Weg.

Durch Schwarzach ging es, nun wieder auf der anderen Mainseite, weiter voran. Mein nächstes Ziel war Volkach in ca. 20 Kilometer Entfernung laut Kartenbuch. Deshalb freute ich mich, als ich plötzlich ein Schild las, bei dem Volkach mit 18 Kilometer und eines in eine andere Richtung mit nur 13 Kilometer stand.

Ein Blick in meine Karte zeigte mir, dass ich so eine Mainschleife abkürzen konnte. Also nahm ich den kürzeren Weg. Allerdings war nun der Weg aus Schotter und nach ein, zwei Kurven ging es auch einen Berg hoch – war ja klar! Mutig kämpfte ich mich den Berg hoch und merkte erst an der ewigen Abfahrt, wie hoch ich doch geklettert war. Die Abfahrt nutzte ich, um stehend zu rollen, damit mein Hintern sich wieder erholen konnte.

Nach Volkach ging es direkt neben der Landstraße weiter in Richtung Fahr. An der Fähre Fahr entschloss ich mich für eine Pause. In einem Hinterhof war so etwas wie eine Besenwirtschaft. Hier bestellte ich ein Paar Wienerle mit Kartoffelsalat und dazu ein schönes, kühles Radlerbier. 40 Kilometer waren geschafft bei einem Schnitt von nur 16,5 km/h.

Nach einer halben Stunde erbarmte ich mich für die nächsten 6 Kilometer zur Fähre Wipfeld. Leider konnte ich den Fährmann nicht überzeugen mit mir direkt bis Schweinfurt zu fahren, aber er versicherte mir, dass es keine Anhöhen mehr zu erklimmen gab.

Dass er mich eiskalt angelogen hatte, musste ich einige Kilometer weiter feststellen. Auf Höhe des Atomkraftwerks bog der Radweg unvermittelt ab und es ging einen doch recht anständigen Berg hinauf. Auch hier merkte ich erst wieder bei der ewigen Abfahrt, wie hoch ich doch vorher geklettert war.

Schweinfurt war nun von weitem schon zu sehen. Jedoch lagen noch viele Richtungswechsel in den Vororten vor mir. Artig fuhr ich der guten Beschilderung nach und kam auch schon bald in Schweinfurt an. Da leider kein Biergarten an der Promenade war, fuhr ich einfach weiter und hatte wiedermal eine „Grüne Hölle" von gefühlten 20 Kilometern vor mir. Tatsächlich waren es laut Kartenbuch immer noch 5,5 Kilometer.

Nun hielt ich wieder alle paar Kilometer, da mein Hintern einfach nicht mehr auf dem Sattel sitzen wollte.

Schonungen, Gädheim, Untertheres und Obertheres waren Ortschaften, die jeweils nur wenige Kilometer auseinander lagen. Der Radweg führte allerdings nur zwischen dem Bahndamm und den Mainauen hindurch, dass ich nichts von den Ortschaften mitbekam. Trotzdem hielt ich fast jedes Mal an.

So konnte und wollte es nicht weit mehr gehen. Am Ortseingang von Haßfurt war eine Tafel „Radler Info" aufgestellt, auf der sämtliche im Ort befindlichen Hotels mit der jeweiligen Lage, Ausstattung, Preis und Telefonnummer vermerkt waren. Ich suchte mir das Hotel Walfisch aus, da explizit darauf hingewiesen wurde, dass hier ein Fernseher, sowie ein Badezimmer auf den Hotelzimmern existierte.

Schnell war das Hotel erreicht und das Zimmer bezogen. Es war gerade einmal 15:30 Uhr, aber ich wollte und konnte einfach nicht mehr, obwohl Bamberg nur noch 35 Kilometer entfernt war.

Da ich nicht mehr weiterkonnte, hatten sich meine Oberschenkel vom Vortag her weitest gehend erholt. Auch außer Atem war ich nicht. Magnesium hatte ich nur die ersten beiden Tage gebraucht. Krämpfe waren somit auch kein Thema. Aber der Hintern war wundgescheuert.

Kilometer heute: 89 km; Kilometer gesamt: 395 km; Fahrzeit: 5:05 Std.; Schnitt: 17,4 km/h

5. Tag von Haßfurt nach Bamberg
Heute stand die letzte Etappe am Main bis Bamberg an. Für die nur 35 Kilometer hatte ich keine Hatz. Allerdings war ab Mittag mit Regen zu rechnen. Da ich aber um 8:30 Uhr los fuhr, sollte mich dies nicht mehr stören.

Wieder sind die Schmerzen da – und nicht weniger! Der Radweg führte neben der Bundesstraße in Richtung Zeil. In Zeil wurde ich von einem LKW hinter mir durch die engen Gassen gejagt, da er nicht überholen konnte. So verpasste ich leider den Abzweig des Radwegs über den Main und war nun auf einer Nebenstrecke unterwegs. Schnurgeradeaus ging es über Betonplatten, was meinem Hintern nicht wirklich gut tat, entlang der Bahnlinie bis

Ebelsbach. Dort überquerte ich den Main auf die hier südliche Uferseite (linkes Mainufer).

Auch heute hatte ich schon mehrere kurze Stopps eingelegt, um etwas zu trinken und vom Sattel aufzustehen. Der Radweg führte nun an einer wenig befahrenen Landstraße weiter in Richtung Bamberg. Die grauen Wolken am Himmel deuteten auf nichts Gutes hin.

Trotzdem machte ich nochmals in Trunstadt eine längere Pause, in der ich mich mit drei entgegenkommenden Radlern unterhielt. Sie waren in der Gegenrichtung unterwegs und erzählten mir von Ihren Erfahrungen mit geführten Radtouren. Das schlagende Argument war, dass sie kein Gepäck schleppten und sich abends nicht um ein Hotel schlagen mussten. 23 Kilometer hatte ich erst hinter mir und nun sollte der Rest erledigt werden.

An dem Punkt, an dem der Rhein-Main-Donau-Kanal begann hielt ich kurz für ein Foto an. Die ersten Häuser von Bamberg waren schon neben mir und die Schilder zeigten mir nur noch 5 Kilometer bis ins Zentrum an.

In Bamberg selber fuhr ich erst mal mitten hinein in die Altstadt. Mein Plan war es, an der Touristen-Information ein passendes Hotel für mich zu finden, damit ich für meine weitere Tour strategisch günstig untergebracht war. Ein weiteres Kriterium war natürlich auch der Preis, da ich vor hatte zwei Nächte zu bleiben, damit sich die wunden Stellen zwischen meinen Beinen und der Hintern erholen konnte.

Überraschender weise konnte mir die Touristen-Information ein Hotel in der Stadtmitte zu einem Preis von 56 Euro besorgen.

Das Zimmer war zwar recht klein, aber hatte alles was ich brauchte: Ein Bett, einen Fernseher und ein Badezimmer. Es war erst 11:00 Uhr, aber ich war zufrieden und legte mich erst mal nach einer erfrischenden Dusche auf mein Bett.

Nach dem ersten Ausruhen besorgte ich mir in einer Apotheke eine Wundsalbe und kaufte in einem Supermarkt das Nötigste zur Verpflegung. Ansonsten erhob ich mich nicht mehr aus dem Bett und vom Fernseher weg. Der einzige Wermutstropfen war, dass man die Fenster nicht öffnen konnte und die Temperatur im Zimmer stetig anstieg.

Mittags hatte es noch kräftig geregnet, doch am Nachmittag brannte die Sonne in mein Zimmer hinein. Abends lüftete ich dann erst mal auf den Hotelflur hinaus.

Kilometer heute: 36 km; Kilometer gesamt: 431 km; Fahrzeit: 2:12 Std.; Schnitt: 16,3 km/h

6. Tag Ruhetag - Stadtbesichtigung in Bamberg

Da mein Hotel für die kommende Nacht ausgebucht war, musste ich in ein anderes Hotel, welches aber zur gleichen Gruppe gehörte, ein paar Straßen weiter umziehen. Hier hatte ich nun ein Doppelzimmer mit viel Platz im Erdgeschoss. Die Fenster ließen sich öffnen und der Fernseher war ausreichend groß. Ebenfalls war das Badezimmer sehr schön geräumig.

Abends genoss ich noch ein paar kühle Bierchen in einer der nahegelegenen Brauereien.

7. Tag Regentag - *Ein Tag im Hotel*
Morgens um 7:30 Uhr war ich bereits fix und fertig angezogen und ging zum Frühstück. Ein Blick aus dem Fenster brachte mir nicht viel, da ich von meinem Sitzplatz aus nur die gegenüberliegende Häuserzeile erkennen konnte. So ging ich nach dem reichlichen Mahl kurz vor die Hoteltüre. Ein Blick zum Himmel und ich machte auf dem Absatz kehrt. Der Himmel war mit dicken Regenwolken dunkel verhangen. Ich meldete mich bei der Hotelangestellten und fragte, ob ich noch mal eine Nacht verlängern dürfte. Da sie mir zusagte, ging ich wieder in mein Zimmer und zog mich um.

Da ich heute eine ruhige Kugel schieben wollte, war ich bereits um kurz vor 9:00 Uhr auf dem Weg zum Supermarkt, um mich für den heutigen Tag auszurüsten. Als ich dann nach rund einer Stunde wieder zurück war, blieb ich den restlichen Tag auf dem Zimmer und bewachte meinen Fernseher.

Außerdem machte ich mir Gedanken, was ich nun die letzten Jahre auf meinen Fahrradtouren erlebt hatte. Schließlich war der Main der letzte große deutsche Fluss, der bei mir auf dem Programm stand. Den Oder-Neiße-Radweg wollte ich nicht fahren, da ich von anderen Radtouristen bereits erfahren hatte, dass die Infrastruktur nicht sehr gut ausgebaut war.

Was begleitete mich die letzten Touren auf insgesamt rund 3.200 Kilometern (Rhein, Donau,

Mosel, Elbe, Weser und nun Main) unterbrechungslos?

Das Fahrrad wurde nach der Donautour ausgetauscht, Der Rucksack war während meine Mutter mich teilweise mit dem Auto begleitete, im Auto mitgefahren, Die Radschuhe hatte ich mir erst nach der Rheintour zugelegt. Ebenso der Tacho, der in Karlsruhe neu gekauft wurde. Trikot und Hose wurden ebenfalls ausgetauscht wie die Handschuhe. Somit blieben der Helm und die Sonnenbrille, die wirklich jeden Kilometer mit mir zusammen zurückgelegt haben. So gesehen ein gehöriger Materialverschleiß.

Warum machte ich mir solche Gedanken?

Nachdem ich nun alle nennenswerten deutschen Flüsse beradelt hatte, wollte ich kein „Kilometerfresser" mehr sein. Vielmehr möchte ich in der Zukunft einzelne Flussabschnitte genießen, bei denen ich nur noch ca. 40-50 Kilometer am Tag zurücklegen möchte und mir dafür die Sehenswürdigkeiten am Wegesrand anschauen werde.

Was hat mir mein „Radwahnsinn" gebracht?

Ich habe Deutschland gesehen. Viele Gegenden in Deutschland kannte ich vorher nur vom Vorbeifahren mit dem Auto. Das Fahrrad bietet die richtige Geschwindigkeit, um viel zu sehen. Mit dem Auto ist man zu schnell vorbei, zu Fuß schaut man zu lange auf die gleiche Stelle. Ich habe Land und Leute kennen gelernt. Was mir immer sofort einfällt, wenn ich zurückdenke, dann ist das die Gegend um Xanten, Brunsbüttel und Hitzacker, sowie natürlich auch die Wachau in Österreich an der Donau. Ich habe andere Radfahrer kennen gelernt, zu denen ich heute aber keinen Kontakt habe. Besonders erinnere ich mich natürlich an Ian und Diana, mit denen ich an der Elbe längere Zeit zusammen gefahren bin. Oder Nils, den ich an der Donau mehrfach getroffen und schließlich mit ihm in Passau einen Kaffee getrunken habe. Auch all die anderen, mit denen ich zufällig zusammen angehalten und nur ein paar Worte gewechselt habe, möchte ich nicht missen.

Was hat mir das Radfahren in Bezug auf mein Gewicht gebracht?

Wenn ich mich jetzt betrachte – gar nix!!! Vor der ersten Fahrradtour war ich zwar bis auf gute 1,5 Zentner herunter gekommen, aber über die Jahre ist mein Gewicht sogar wieder über das Anfangsgewicht von 185 kg heraus geschossen. Ich werde aber trotzdem weiter radeln. Es ist ja nicht nur das Gewicht, sondern auch die Fitness, die ich durch das ständige Training bekommen habe.

Ich habe auf allen meinen Fahrradtouren, Training mit eingeschlossen, zu keinem Zeitpunkt jemanden getroffen, der auch nur annähern in meiner Gewichtsklasse war und ebenfalls auf einem Fahrrad saß, geschweige dem so zügig unterwegs war wie ich. Auch deshalb werde ich das Fahrradfahren auf keinen Fall aufgeben.

8. Tag von Bamberg nach Nürnberg
Nachdem ich mir am Vortag so viele Gedanken gemacht hatte und somit einen weiteren Tag untätig im Hotel saß, sollte es heute unbedingt weiter gehen. Der Wetterbereich meldete nur

noch vereinzelte Schauer und ansonsten perfektes Radlerwetter.

Wie am Vortag war ich wieder zeitig beim Frühstück und im Radfahrdress, damit ich schnell aufbrechen konnte. So hatte ich auch bereits um 7:30 Uhr das Hotel verlassen und bog schnell in Richtung Radweg am Main-Donau-Kanal ein, der nur wenige Meter von meinem Hotel entfernt war.

Die Straßen waren noch teilweise nass, da es in der Nacht geregnet hatte. Ich kam schnell aus der Stadt heraus. Noch waren die Wege in Ordnung und ein schnelles „Hinternschonendes" Fahren war möglich.

Für diesen Streckenabschnitt hatte ich kein Kartenmaterial, nur einen aus dem Internet ausgedruckten Reisebericht/Tourbuch. Die Beschilderung war in Ordnung. Nicht besonders gut, aber immerhin so, dass ich danach fahren konnte. Zwei oder drei Mal musste ich kurz Kreise fahren, bis ich das nächste Schild entdeckt hatte, aber das war noch vertretbar. Mit der Zeit wurde die Beschilderung allerdings dünner und ich musste nach meinem Internetausdruck oder nach Gefühl weiterfahren.

Vor Forchheim war plötzlich der Radweg gesperrt. Es stand auch keine Umleitung ausgeschildert. Die Landstraße bog im Hintergrund in eine andere Richtung ab und stieg steil bergauf. Ich trank erstmal einen Schluck aus meiner Flasche, als von hinten ein alter Mann auf einem Fahrrad vorbeikam. Ich fragte ihn, was ich hier tun sollte. Im Vorbeifahren rief er mir zu, dass er trotzdem den gesperrten Weg fahren würde, da er gestern auch hier lang gefahren sei.

Also fuhr ich ihm nach. Er war recht flott unterwegs und da ich erst meine Flasche versorgte, hatte ich ihn schon fast wieder aus den Augen verloren. Aber ich konnte nun den Weg fahren und so kam ich an den Grund der Wegsperrung. Eine Holzbrücke war auf der rechten Seite gesperrt. Mir blieb also noch ein guter Meter Platz, um die Brücke zu überqueren. Ich hätte mich wahnsinnig geärgert, wenn ich der Landstraße deswegen gefolgt wäre.

Der Weg war nun immer wieder mit Wurzeln durchzogen und teilweise auch nur geschottert. Was mich besonders störte, waren die kurzen, steilen Anstiege zum Damm hoch und bald danach wieder irgendwann wieder herunter. Anstatt den Weg komplett auf oder neben dem Damm zu bauen, musste man ständig hoch und herunter fahren.

An Forchheim kam ich nach 27 gefahrenen Kilometern ohne weiteres vorbei, da es sich auf der anderen Kanalseite befand. Der Weg war nun fast durchgehend geschottert. Dies bedeutete, dass mein Hintern weiter ramponiert wurde. Die Schmerzen kamen auch langsam wieder, wobei das Einschmieren mit der Wundsalbe doch deutliche Linderung verschafft hatte.

Nun war das typische Kanalfahren angesagt, wie ich es bereits auch schon vom Nord-Ostsee-Kanal her kannte. Ewig gerade Strecken auf Schotter. Ich richtete meinen Blick immer so ca. 10-15 Meter vor mein Vorderrad, damit es nicht den Eindruck gab, dass ich auf der Stelle fahren würde.

Nach kurzem Aufschauen konnte ich schon von weitem die Hochhäuser in Erlangen sehen, die auf der von mir aus rechten Kanalseite standen. Man merkte, dass es sich um eine Universitätsstadt handelte, da die Anzahl an Joggern merklich zunahm.

Hinter Erlangen änderte sich die Beschilderung. Die vertrauten wegbegleitenden Schilder hörten plötzlich auf und andere Symbole, die ich zuerst nicht erkannte, lösten die alten Schilder ab. So kam es, dass ich plötzlich am Ende des Radwegs mitten in einer Großbaustelle stand.

Nach einigem hin und her, ich hatte ja keine Karten, fuhr ich einen halben Kilometer zurück und erkannte dabei die neuen Radwegsschilder. Die Kanalseite musste wieder mal gewechselt werden und es ging ins Hinterland – natürlich bergauf.

Als ich schon fast die Hoffnung verloren hatte, jemals wieder zum Kanal zu gelangen, bog der Radweg wieder in Richtung Kanal ab. Ich kam direkt an einer Schleuse wieder heraus.

Im Gegensatz zum Main, bei dem die Schleusen vielleicht einen geschätzten Hub von ca. 2-4 Metern hatten, waren die Schleusen am Kanal deutlich höher. So waren es hier wohl 15 Meter Höhenunterschied, wie ich schätze. Nachträglich erfuhr ich, dass es sogar 18,30 Meter waren. Einige Schleusen am Main-Donau-Kanal hatten sogar Hubhöhen von knapp 25 Metern.

Am oberen Schleusenbecken machte ich erstmal nach 51 Kilometern für ca. 20 Minuten etwas Pause und setzte mich auf einen Poller. Ein leichter Regenschauer zog an mir vorbei, wobei ich die Tropfen im Wasser sehen konnte, die mich aber nicht erreichten. Ich saß genau an der Regengrenze.

Ein Polizeiwagen kam vorbei. So etwas hatte ich noch nicht erlebt, dass die Polizei auf dem Wartungsweg der Kanalverwaltung Streife fuhr.

Auf den nächsten Kilometern spürte ich, wie ich immer öfters jeden Stein unter dem Hinterrad spürte. Einerseits schob ich es auf die Schmerzen, die wieder schlimmer geworden waren und andererseits auf den Schotter. Doch es wurde immer schlimmer. Als der Kanal über eine Brücke führte, spürte ich den Schlag der Brückenkante so heftig, dass ich wusste, mein Hinterreifen hatte nicht mehr genug Luft. Ganz vorsichtig fuhr ich ohne anzuhalten weiter.

Wieder war der Radweg ohne Vorwarnung gesperrt und ich musste auf die daneben verlaufende Straße ausweichen. Ich kam durch ein kleines Industriegebiet. Der Namen der Firmen, bzw. deren Adressen konnte ich entnehmen, dass ich bereits in Fürth war.

Die Straße führte über den Kanal und auf der anderen Seite war ich vom Höhenunterschied praktisch wieder unterhalb des Kanals. Eine vorbeifahrende Frau fragte ich nach dem Radweg am Kanal und was sie mir sagte gefiel mir gar nicht. Ich musste wieder zurück die Rampe hoch über die Brücke und direkt danach ging der Pfad zum Kanalradweg hinunter. Toll – Keine Schilder, keine richtigen Wege. Die Baustellenumleitung war einfach nicht ausgeschildert.

Als ich wieder auf dem Radweg war, merkte ich, dass ich nicht mehr weit mit meinem fast platten Hinterreifen kommen würde. Ich fuhr noch ca. 500 Meter bis wieder eine Brücke den Kanal überquerte. Einen vorbeikommenden Jogger fragte ich, wie ich nach Nürnberg in die Stadt kommen würde, da ich dringend ein Fahrradgeschäft bräuchte.

Er sagte mir, dass diese Brücke genau durch Fürth nach Nürnberg führen würde und ich nur der Hauptstraße folgen bräuchte. Die Fahrradgeschäfte wären in der Innenstadt.

Also nahm ich den Abzweig und verließ den Kanal in Richtung Nürnberger Innenstadt. Ganz langsam fuhr ich auf den jetzt asphaltierten Radwegen. Der Reifen war bald ganz platt. An einem Pizza-Imbiss hielt ich an um Mittag zu essen. Es war bereits 12:30 Uhr. Ich war hungrig, Mein Hintern tat weh, und ich war sehr sauer und frustriert, dass schon wieder eine Reifenpanne mich aufhielt. Seit ich 2007 wieder angefangen hatte Fahrrad zu fahren hatte ich noch kein einziges Mal eine Reifenpanne und nun innerhalb von 170 Kilometer gleich das zweite Mal das Hinterrad platt.

Gerade als ich mir ein Stück Pizza bestellte, begann ein Wolkenbruch alles Wasser vom Himmel fallen zu lassen, was wohl noch in den Wolken gewesen war. Ich hatte meine Lenkertasche nicht richtig verschlossen und es regnete hinein. Nicht viel, aber doch etwas. Zumindest war das für mich der Tropfen, der das Fass zum Überlaufen brachte.

In diesem Moment beschloss ich das Fahrrad nicht vor Ort reparieren zu lassen, sondern den nächsten Zug nach Hause zu nehmen. Ich rief bei meiner Frau Birthe an und avisierte ihr, dass ich heute Abend wieder zuhause sein würde.

Gemütlich aß ich die Pizza auf und ging zu der nur 300 Meter entfernten S-Bahnstation. Auch hier erwischte mich wieder ein Wolkenbruch.

Es war 13:00 Uhr und ich saß in der S-Bahn. Am Nürnberger Hauptbahnhof besorgte ich mir dann noch eine Zugverbindung und Fahrkarte nach Friedrichshafen und setzte mich in den Zug, der mich nach zweimaligem Umsteigen um 19:00 Uhr auch dorthin brachte. Birthe wartete auf mich und nachdem mein Fahrrad im Auto verstaut war, hatten die Qualen vorerst nun ein Ende gefunden.

Die restlichen 150-170 Kilometer sollten zu einem späteren Wochenende vielleicht zusammen mit meinen Eltern bezwungen werden.

Kilometer heute: 69 km; Kilometer gesamt: 500 km; Fahrzeit: 4:02 Std.; Schnitt: 16,5 km/h;

Anreise (2. Teil)
Nachdem meine Mutter endlich auch um 12:00 Uhr Feierabend hatte, standen mein Vater und ich mit laufendem Motor vor Ihrer Arbeitsstelle, um sie abzuholen und direkt in Richtung Fürth zu starten. Überraschend schnell kamen wir durch das Baustellenchaos in unserer Region und hielten erst nach Ravensburg zum Mittagessen und Kaffeetrinken.

Leider ging es von da an nicht mehr so flott vorwärts. Vor allem Baustellen erzeugten Staus, unter denen wir leiden mussten. Doch mit einer weiteren Pause während eines Staus auf der A6 kamen wir dann endlich um 17:30 Uhr in unserem Hotel in Fürth an. Das Hotel am Stadtgarten hatte den Charme der Vorkriegszeit. Trotzdem hatten wir so gesehen Glück, da gleich um die Ecke ein Comedy-Festival stattfand, auf dem wir gut unterhalten unser Abendessen zu uns nehmen konnten.

Nachdem meine Eltern noch etwas in der Stadt spazieren waren, ich war bereits seit 20:00 Uhr auf dem Zimmer am Fernseher, gingen wir um ca. 23:00 Uhr ins Bett. Ich hatte in der Planung den Fehler gemacht ein Drei-Bett-Zimmer zu buchen. Dank des von meiner Mutter mitgebrachten Oropax wurden wir zumindest etwas vom Lärm der Straße, dem Lärm des Comedy-Festivals und dem unglaublichen Schnarchen meines Vaters verschont.

9. Tag von Fürth nach Dietfurt
Nachdem wir endlich aus den Federn kamen, meine Mutter „bewachte" uns bereits seit geraumer Zeit, waren wir um 8:00 Uhr beim Frühstück. Um 9:00 Uhr ging es dann auch endlich los mit dem letzten Teil der diesjährigen Fahrradtour.

Es hatte die Nacht über geregnet und auch während wir noch am Frühstückstisch saßen, regnete es draußen. Die Straßen waren somit noch durchgehend nass, als wir uns auf unsere Drahtesel schwangen. Meine Mutter hatte es dabei komfortabler, da sie wieder mit meinem Auto als Begleitfahrzeug fungierte. Dieses Mal übrigens ohne mein Auto wieder in den Graben (Vergl. Wesertour 2011) zu steuern.

Wir mussten von der Innenstadt aus einige Meter auf der Hauptstraße fahren, bis wir endlich den Kanal nach unzähligen roten Ampeln erreichten. Der Kanal führte an dieser Stelle über die Straße und so mussten wir einige Stufen hinauf die Fahrräder tragen.

Als wir nun endlich auch die letzte kleine Rampe zum Kanaldamm erklommen hatten, war die Überraschung groß, dass der Kanalweg gesperrt war. Was ich noch nie erlebt hatte, war der Service, der hier für Radfahrer geleistet wurde. In einer Box neben dem Umleitungsschild waren DIN A 4 Blätter (Kopien) mit der Umleitungsbeschreibung.

Leider klappte es nicht 100%ig die Umleitung auch fehlerfrei durch zu fahren. Kurz vor dem Ende mussten wir eher schätzen, in welcher Richtung es weiter ging. Wir befanden uns immer noch im Stadtgebiet von Fürth/Nürnberg (die Grenzen sind fließend) und hatten somit auch noch mit dem Straßenverkehr zu kämpfen.

Letztendlich erreichten wir doch wieder den Radweg direkt am Kanal und konnten unseren Weg fortsetzen. Allerdings war hier auch bereits ein Vorgeschmack auf die Radwege, die uns den ganzen Tag begleiteten: Schotter!
Wegen des bereits erwähnten Regens am Morgen mussten wir einerseits Slalom um die Pfützen fahren, die sich teilweise auch mal über die gesamte Breite des Radwegs zogen und andererseits an den Matsch, der durch das Schotter-Sand-Regengemisch entstanden war.

Die Räder gruben sich somit permanent etwa in den Boden ein, was einen dementsprechend höheren Kraftaufwand beim Treten erforderte.

Was ich bereits von der Fahrt von Bamberg nach Fürth kannte, waren die mitunter sehr steilen Anstiege direkt an den Schleusen. Die Schleusen am Rhein-Main-Donau-Kanal hatten Hubhöhen von teilweise fast 30 Metern. Als Fahrradfahrer hatte man natürlich nicht den Luxus einer Schleuse oder eines Liftes zur Verfügung, sondern musste ehrlich jeden Höhenmeter bezwingen.

Bereits an der zweiten Schleuse war der Anstieg so steil, dass mein Vater und ich kurze Wadenkrämpfe hatten. Wir waren auch beide mehr oder weniger von der Steilheit überrascht und im falschen Gang unterwegs. Auch die Kälte war wohl ein Grund dafür. Das Thermometer zeigte noch keine 20°C so früh am Morgen.

An der Schleuse Eckernmühle, direkt am Rothsee, hielt ich an, um mit meiner Mutter telefonisch abzuklären, auf welcher Kanalseite wir uns treffen würden. Verabredet war die nächste Schleuse Hilpoltstein, welche auch den höchsten Punkt des Kanals darstellte. Jedoch, welch Zufall, war meine Mutter bereits an dieser Schleuse und wir mussten nur auf der Landstraße, die über die Schleuse führte, auf die andere Seite wechseln.
Leider hatte sie es versäumt kühle Getränke zu organisieren (das wäre eigentlich Sinn und Zweck eines Begleitfahrzeugs), doch sie gelobte Besserung am nächsten geplanten Halt.

Wir hatten bereits 35 Kilometer hinter uns und abgesehen von einer kurzen Regenpause von ca. 5 Minuten, waren wir bis jetzt durchgefahren.

Uns war auf den letzten Kilometern bereits aufgefallen, dass überdurchschnittlich viele Rennradfahrer unterwegs waren. Des Rätsels Lösung war, dass wenige Meter weiter ein Triathlon am Mittag gestartet werden sollte. Die Teilnehmer waren aber bereits mit dem Warmmachen beschäftigt.

Nach der ca. 20-minütigen Pause fuhren wir auch nach wenigen hundert Metern durch den Bereich, an dem es vom Schwimmen auf das Rad für die Triathleten ging. Der Radweg war gesperrt und wir wechselten prompt die Kanalseite, da sich gerade eine Brücke dafür anbot. Nun konnten wir wieder auf der östlichen Kanalseite weiterfahren.

Wir waren gerade 50 Kilometer gefahren, mein Vater war bis auf die Anstiege das erste Mal für ein paar hundert Meter vor mir unterwegs, als er plötzlich anhielt.

Mein so durchtrainierter und angeblich in Topform befindlicher Vater hatte keine Luft mehr. Ich war schon überrascht, dass ihm nach nur 50 Kilometern die Luft ausging. Aber was blieb mir nun anderes übrig. Ich rief meine Mutter an, damit sie meinen Vater abholen würde. Sie war zufällig nur zwei Orte weiter auf dem Weg zu unserem nächsten Treffpunkt. Also ließ ich meinen luftlosen Vater am Treffpunkt zurück und fuhr entfesselt weiter. Das war die 3. Reifenpanne dieses Jahr (!)

Ich schaffte es nun auch auf dem immer weiter abtrocknenden Schotter schneller vorwärts zu kommen. Verabredet waren wir an der Schleuse Bachhausen. Nach 13 weiteren Kilometern erreichte ich auch bald die Schleuse und wurde gleich von meinen Eltern, wieder auf der anderen Schleusenseite, empfangen. Das armselige und schmutzige Fahrrad meines Vaters lag im Auto. Auf meinem Smartphon fanden wir aber in dem noch 20 Kilometer entfernten Beilngries eine Fahrradwerkstatt, die auch um diese Zeit noch offen hatte.

Somit war die Pause für mich nur eine 5-Minuten-Pause und es ging wieder weiter. Meine Eltern waren sofort abgebraust. Der Fahrradladen hatte zwar eigentlich schon geschlossen, es war kurz vor 15:00 Uhr, aber auf meinen Vater warteten sie noch.

Während der Pause hatte ich festgestellt, dass der Deckel meiner Trinkflasche verloren war. Zum Glück hatte ich durch meine Mutter wieder eine volle Apfelsaftflasche am Fahrrad.

Der Radweg wurde jetzt noch schlechter. Der Schotterweg verwandelte sich nun zu einem Feldweg, der auch nicht mehr direkt am Kanal entlang verlief, sondern immer wieder einige Höhenmeter hinauf ging. Egal, Beilngries sollte in einer Stunde zu schaffen sein. Jedoch schwanden nun langsam auch meine Kräfte.

Ich kam durch Berching hindurch und anstatt auf dem vorgesehenen Radweg weiter zu fahren, blieb ich am Kanal. Der Weg war hier als Ausweichstrecke ausgeschildert. Der offizielle Radweg führt aber an dem nur 100 Meter entfernten alten Ludwig-Donau-Main-Kanal entlang.

Trotzdem kam ich nun wieder etwas schneller voran, bis ich kurz vor Plankstetten zu zweifeln begann. Der Radweg stieg stetig steil bergan, bis endlich die Dorfmitte erreicht war. Gut, die Abfahrt war lustig, aber musste der Anstieg wirklich sein? Zumal als ich unten am Kanal ankam, war auch der gewohnte Schotterweg zur Stelle.

Nun beeilte ich mich, damit ich auch rechtzeitig in Beilngries ankam. Mit meiner Mutter hatte ich währenddessen telefoniert und wusste, wo ich erwartet werde.

Mitten in der Stadt war der Treffpunkt an einem Restaurant, welches ich auch auf Anhieb fand. Mein Vater spuckte nach ca. 20 Minuten Pause wieder große Töne, ob wir endlich wieder weiterfahren konnten. Er hatte inzwischen den platten Hinterreifen reparieren lassen und sein Fahrrad geputzt, welches seiner Aussage zur Folge eine großartige Aktion gewesen sein musste.

So kam es wie meistens. Mir wurde meine wohlverdiente Pausenzeit gekürzt und wir mussten weiter. Naja, von müssen kann nicht die Rede sein. Öfters sagte ich während des Radelns zu meinem Vater, dass ich weder auf der Flucht noch an einem Radrennen teilnehmen würde. Die Fahrradtour ist mein Jahresurlaub!!!

Wir hatten nur noch rund 11 Kilometer bis zum geplanten Tagesziel vor uns und auf einmal war alles besser. Wir waren nun im Altmühltal und die Wege waren asphaltiert. Außerdem war der leichte Gegenwind in einen angenehmen Rückenwind gedreht. Endlich sprang der Tachometer auch mal über die 25 km/h Grenze.

So waren wir dann auch nach einer knappen halben Stunde in Dietfurt. Meine Mutter hatte bereits das Hotel „Zur Post" klar gemacht und wir konnten mit Schwung in den Hotelhof einbiegen.

Obwohl mein Vater für 30 Kilometer ausgesetzt hatte, war auch er heute stattliche 62 Kilometer gefahren. Wegen der schlechten Wege und dem leichten Gegenwind hätten wir bei gleichem Kraftaufwand wohl normal 120 bis 130 Kilometer geschafft.

Wir trafen uns ca. 1,5 Stunden nach der Ankunft wieder im hoteleigenen Restaurant um gemeinsam zu Abend zu essen.

In dieser Region waren die Hotels sehr günstig. Ebenso verhielt es sich mit den Restaurantpreisen. Hatten wir in Fürth noch 82 Euro für ein 3-Bett-Zimmer ausgegeben, musste ich für diese Nacht nur 32 Euro bezahlen für ein sehr schönes Zimmer mit modernem Fernseher.

Kilometer heute: 92 km; Kilometer gesamt: 592 km; Fahrzeit 5:16 Std.; Schnitt: 17,5 km/h

10. Tag von Dietfurt nach Regensburg

Um 7:30 Uhr waren wir die Ersten, die im übermäßig großen Frühstückssaal ankamen. Das hatte die erfreuliche Auswirkung, dass wir auch die größte Auswahl am Frühstücksbuffet hatten. Nach dem Frühstück gingen wir nochmals auf unsere Zimmer, um uns abfahrtbereit zu machen. Und oh weh, welch Unglück. Mir riss mein Schnürsenkel. Ich hatte zwar noch einen Ersatzschnürsenkel dabei, aber die Länge reichte so gerade eben noch zum Binden aus.

Wir fuhren um 8:30 Uhr los. Ein langjähriger Hotelgast sagte uns noch, dass wir direkt am Schiffsanleger wieder direkt am Kanal weiterfahren könnten. Wie viel diese Information wert war, merkten wir 5 Minuten später, als wir am Schiffsanleger ankamen. Der Schotterweg war bereits 200 Meter weiter zu Ende und wir mussten den offiziellen Weg nehmen, der hier um einen Berg herumführte. Gut, herum ist nun schön gesagt, tatsächlich hatten wir einen sehr langen, zwar nicht besonders steilen, Anstieg zu bewältigen.

Die Abfahrt war zwar wieder schön, aber um die frühen Morgenstunden noch etwas kühl. Man hätte zwar bremsen können, aber das entsprach nicht meinem Naturell. Unten angekommen, waren wir wieder auf dem wohlbekannten Schotterweg. Heute ließ er sich aber besser fahren, da die Nacht hindurch kein weiterer Regen gefallen und die Wege abgetrocknet waren.

Wir kamen an einer uralten aus Holz bestehenden Schleuse vorbei, die noch Teil des Ludwig- Donau-Main-Kanals waren. Sobald wir die alte Schleuse sahen, waren wir auch schon vorbei. Es ging vorerst gefühlt deutlich schneller voran. Erst als wir freieres Terrain erreichten merkten wir, wie uns der Wind ins Gesicht blies. Irgendwas war aber auch immer dieses Jahr.

Als wir nach 20 Kilometer Riedenburg erreichten, mussten wir extra die Kanalseite wechseln, denn noch in Riedenburg ging es wieder zurück auf die östliche Kanalseite. Wir konnten Kehlheim bereits erahnen, aber die letzten 17 Kilometer waren eine Qual.

Immer wieder waren kurze Stellen des uralten Ludwig-Donau-Main-Kanals zu sehen und ansonsten waren künstliche Biotope am Kanalrand angelegt. So war die Strecke zwar abwechslungsreicher als der bisherige Rhein-Main-Donau-Kanal, aber auch gefährlicher.

Als mein Vater endlich auch mal wieder für ein paar hundert Meter voraus fuhr, wurde er an einer Mulde (er musste schalten) plötzlich langsamer und ich musste ihn in der Mulde, die auch noch nach rechts abbog, überholen, da ich sonst in ihn hinein gefahren wäre.

Immer wieder hatten wir auch Passagen zu bewältigen, bei denen der Radweg einem schlechten Feldweg glich.

Endlich, ca. 1 Kilometer vor der Schleuse Kehlheim hörte der leidige Schotter endlich auf. Eine Pause war nun angebracht und meine Mutter wartete bereits an der Schleuse auf uns. Wir ließen uns dieses Mal reichlich Zeit für die Pause und kamen auch mit einem Eingeborenenpaar ins Gespräch. Es gibt wohl auch nette Bayern war das Fazit.

Nachdem wir ca. eine Dreiviertelstunde pausiert hatten, radelten wir weiter. Die Tageshälfte war geschafft und nun sollten die letzten 40 Kilometer entlang der Donau gefahren werden. Unser Schnitt war bis hierher nur enttäuschende 17,2 km/h. Das lag wohl am Schotter und am Gegenwind.

Wir fuhren nun auf Asphalt durch Kehlheim und überquerten die Donau. Der Radweg führte nun entlang der Bundesstraße. Wir kamen sehr schnell voran und so blieben wir hinter Saal weiter auf der Bundesstraße und bogen nicht auf den Radweg ab, der weiterhin unten am Ufer verlief. Diesen Teil der Strecke bis Regensburg kannte ich schon von meiner Donautour 2009.

Eine Regenwolke am Himmel ließ uns noch schneller in die Pedale treten, aber auf dem höchsten Punkt (die Bundesstraße ging über einen leichten Hügel – die Norddeutschen würden jetzt „Berg" sagen) hielt ich an einer Bushaltestelle an. Da meine Trinkflasche nicht mehr zu gebrauchen war, musste ich nun immer anhalten, um aus der größeren Flasche zu trinken.

Die Entscheidung war nun Unwetter abwarten oder in das ca. 7 Kilometer entfernte Bad Abbach weitersausen. Mein Vater drängte auf weiterfahren und so ließ ich mich breitschlagen und wir fuhren weiter. Zum Glück ging es nach ca. einem weiteren Kilometer endlich bergab und wir konnten wieder Tempo machen.

Endlich war Bad Abbach erreicht. Wir saßen noch nicht richtig an unserem Tisch im Restaurant, als ein heftiger Regenschauer über uns nieder ging. Wären wir nicht so unsagbar schnell gewesen, hätte uns der Regen auf offener Straße ohne Unterstellmöglichkeit erwischt.

So schnell wie der Regen gekommen war, verzog er sich auch wieder. Wir saßen weit über eine Stunde an diesem Straßenrestaurant, bevor wir endlich die letzten 20 Kilometer in Angriff nahmen.

Nach dieser Pause und den leckeren Käsespätzle waren die nächsten Kilometer sehr mühsam, aber aufgrund des asphaltierten Weges kamen wir schnell vorwärts. Wir wechselten nun mehrfach zwischen der parallel führenden Landstraße und dem eigentlichen Radweg. So ging es nun bis nach 11 Kilometern das Ortsschild „Regensburg" unter der Autobahnbrücke erreicht war. Hier machte ich wie bereits 2009 ein Foto von mir und dem Ortsschild.

Es waren aber noch einige Kilometer bis ins Stadtzentrum von Regensburg zu fahren. Der Weg war nun wieder Schotter, aber das störte uns nicht mehr, da das Ziel schon fast zu sehen war. Der Weg führte entlang an Campingplätzen, Stadtgarten und Schwimmbad bis die Grünanlagen durch die ersten Häuser abgelöst wurden.

Schon bald sah ich meine Mutter an dem vereinbarten Treffpunkt. Sie hatte das Auto in der Tiefgarage „Am Theater" geparkt, in das wir uns auch schnell zum Umziehen begaben.

Oberhalb war ein Jazz-Fest im Gange, welches wir im Anschluss besuchten. Die Musik war zwar grausam, was sogar mein Vater bemerkte, aber trotzdem konnte man einen Kaffee trinken. Nach einer Stunde um 16:00 Uhr brachen wir auf, denn wir hatten ja noch die Heimfahrt mit dem Auto vor uns.

Nach knapp drei Stunden Fahrt hatte uns dann auch der Bodensee wieder.

Kilometer heute: 74 km; Kilometer gesamt: 666 km; Fahrzeit: 3:51 Std.; Schnitt: 19,3 km/h

Epilog
Die diesjährige Fahrradtour war unter schwierigen Bedingungen zu fahren. Auch viel Pech hatte ich dieses Jahr. So war die Trainingsvorbereitung zwar gut, nicht aber so gut, wie ich sie mir vorgestellt hatte. Das Wetter spielte dieses Jahr auch nicht mit. Ich fuhr zwar keinen Tag wirklich im Regen, aber es war doch ständig regnerisch, was sich besonders an der Beschaffenheit der Radweg abzeichnete. Ebenso war dieses Jahr viel Gegenwind mein Feind.

Auch sonst waren es viele Kleinigkeiten wie abgerissene Schnürsenkel, verlorene Trinkflaschendeckel, Baustellen ohne Umleitungsbeschilderung und ähnliches, welches mir Ärger bereitete. Große Probleme hatte ich dieses Jahr mit meinem Hinterteil. Ich hatte bisher noch nie das Problem gehabt, dass mein Hintern wundgescheuert war. Auch hatte ich noch nie das Problem einer Reifenpanne. Dieses Jahr gleich zweimal, bzw. noch ein weiteres Mal bei meinem Vater.

Vielleicht lag es auch an der teuflischen Gesamtkilometerzahl 666, dass diese Tour so hart erarbeitet werden musste. Hatte ich die letzten Jahre durchaus weit höhere Tageskilometeretappen, so war ich dieses Jahr meist heilfroh, wenn die 100 Kilometermarke erreicht wurde. Meistens jedoch kam ich gar nicht so weit. Zweimal wegen einer Reifenpanne und zweimal weil mein Tagesziel erreicht war.

Nun wurden alle nennenswerten Flüsse Deutschlands von mir mit dem Fahrrad bezwungen. Die Flüsse, welche ich noch nicht abgefahren habe lohnen sich für mich nicht, da die Anfahrtswege zu lang und die Flüsse zu kurz sind.

Ansonsten hat mich die Fahrradfahrerei sehr viel Schweiß und Strapazen gekostet, aber unter dem Strich bin ich froh, dass ich dies alles auf mich genommen habe. Ich habe sehr viel von Deutschland gesehen. Das Fahrrad ist für mich dafür das beste Verkehrsmittel. Schaut man doch beim Wandern zu lange auf die gleiche Stelle, ist man mit dem Auto oder Motorrad zu schnell daran vorbei. Ich werde nun in den nächsten Jahren wieder an die schönsten Stellen fahren und mehr Wert auf das Besichtigen und Anschauen von Sehenswürdigkeiten legen. Als „Kilometerfresser" hatte ich doch keine Zeit um abzusteigen und mir schöne Dinge auch mal in Ruhe anzusehen. Doch das werde ich nun nachholen.

Nachsatz

Auch dieses Mal sind mir beim Schreiben dieses Buches einige Kommata übriggeblieben, die ich einfach wahllos im Text im Nachhinein untergebracht habe. Auch etwaige Rechtschreibfehler sind im Text versteckt. Wer sie findet darf sie behalten!

Um dieses Buch zu schreiben war natürlich auch wieder die Mithilfe von einigen Freunden und Verwandten nötig. So möchte ich mich wiedermal bei meiner Tante Mechthild bedanken, die das Lektorat übernommen hat. Meinen Eltern, die mich teilweise begleitet haben und auch sonst mit einigen Tipps nicht sparsam waren. Auch meinem Bruder Nico und seiner Frau Birgit möchte ich einen Dank aussprechen, da auch sie sich gleich auf der ersten Tour entlang des Rheins fahrerisch eingebracht haben. Leider habe ich zu keinem der Begegnungen während meiner Touren Kontakt. Weder mit Nils (Donau) oder Diana und Ian (Elbe) hat der Adressenaustausch geklappt. Liegt natürlich auch an mir, da ich ja keine Zeit habe und ein Kilometerfresser bin.

Wie auch bereits im Buch an mehreren Stellen beschrieben, gilt ein ganz besonderer Dank meinem Fahrradcoach Hubert, der gerade in der ersten Zeit mich sehr unterstützt hat. Durch ihn bin ich überhaupt erst auf die wahnwitzige Idee gekommen solche Fahrradtouren zu fahren.

Leider bin ich in den letzten Jahren nicht mehr, wie eigentlich geplant, im Sattel gesessen. In folgenden Jahren bin ich immer schwerer geworden, so dass mich mein Fahrrad wohl gar nicht mehr getragen hätte. Mein Höchstgewicht war dann sogar über 220 kg. Nach einer gelungenen Magen-OP bin ich aber dann zum Glück bis auf 150 kg abgemagert.

Außerdem haben sich meine häuslichen Verhältnisse geändert. Nachdem ich meine Frau geheiratet hatte, stand die Familie mehr im Vordergrund und nach meiner Magen-OP passte ich auch wieder durch eine Wohnwagentüre. Dies nutzten wir aus und sind seitdem mehr auf Campingplätzen, als auf Fahrradwegen anzutreffen.

Sollten mich die Gelüste auf das Fahren mit zwei Rädern übermannen, so habe ich zur Not auch noch ein Motorrad in der Garage stehen.

Mein Fahrrad habe ich aber immer noch. Nur bewege ich es heute eher zu kurzen Fahrten und keinen Touren mehr. Aber wer weiß. Vielleicht ändert sich das auch nochmal.

Ein kleiner Hinweis zu den Fotos im Buch: Sämtliche Aufnahmen sind von mir oder meiner Familie erstellt worden und die Zustimmung aller Personen (selbst Diana und Ian haben mir es damals gleich erlaubt) wurden erteilt. Nur zur Sicherheit sei dies angemerkt.

Weitere Informationen gibt es auch unter www.wuenderling.com.

Auch vom Autor erschienen:

Camping für Alle
Wünderling, Marc
6,99 € Buch, 100 Seiten

Verlag Twentysix.de
ISBN: 978-3-7407-7091-4

Überall, wo es Bücher gibt oder direkt unter:
www.wuenderling.com

Beschreibung

Von den Arten des Campings bis zu den Individuen, die sich auf Campingplätzen tummeln. Alle möglichen Spezifikationen werden genaustens unter die Lupe genommen und durch den Kakao gezogen.

Ein literarisches Manifest für alle Campingfreunde oder die, welche es noch werden wollen.

Die Fachzeitung „Camping, Cars und Caravans" schrieb in Ihrer Ausgabe Mai 2021 als Buchtipp:

„Ein kurzweiliger, nicht ernstgemeinter Ratgeber für Campingfreunde. Auch alte Hasen finden sich vielleicht in der einen oder anderen Anekdote wieder. Der Autor erklärt Camping stets mit einem Schuss bissigem Humor und beantwortet Fragen aus dem alltäglichen Camperglück. Wer das Thema bierernst nimmt, ist für die Lektüre ungeeignet, denn Wünderling spielt mit fast jedem gängigen Klischee und hält so manchem Spiegel der Erkenntnis hoch."